SIÈGE &

DE LA VILLE

DE S

EN

JULES

SEDAN
IMPRIMERIE D... ...ROCHE
22, GRA...

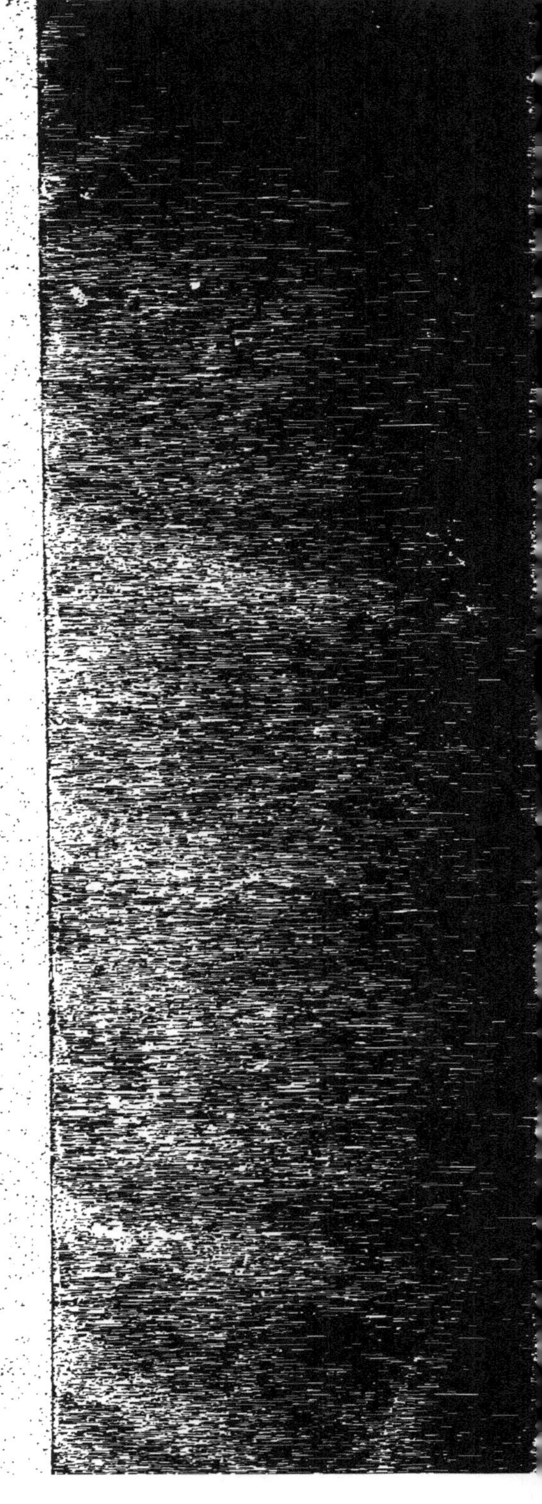

SIÈGE & BLOCUS

DE LA VILLE & DU CHATEAU

DE SEDAN

SIÈGE & BLOCUS

DE LA VILLE & DU CHATEAU

DE SEDAN

EN 1815

PAR

J. POIRIER

SEDAN

IMPRIMERIE DE JULES LAROCHE

22, GRANDE RUE, 22

—

1888

SIÈGE & BLOCUS
DE LA VILLE & DU CHATEAU
DE SEDAN
EN 1815

CHAPITRE PREMIER

Considérations générales

Mars-Juin 1815.

Au lendemain du 20 mars, Napoléon Ier, reprenant en main le sceptre impérial, parlait de paix. Comment cet homme, toujours avide de gloire, aurait-il pu croire un instant aux espérances qu'il manifestait, alors que ses vainqueurs de 1814, préparaient ouvertement une nouvelle attaque. L'orage ne tarda pas à gronder ; le ciel politique s'obscurcit bien vite, et les moins clairvoyants s'aperçurent dès ce moment, qu'on ne pouvait pas davantage songer à la paix qu'à la possibilité d'une alliance avec l'Autriche. Ne pouvant provoquer l'offensive, Napoléon chercha des moyens qui pussent, à l'heure où l'invasion se déchaînerait sur nous, faire revivre son prestige des autres jours, épanoui en ce moment.

La France mise à l'index, en la personne de son empereur, par la déclaration des alliés du 13 mars qui plaçait « Napoléon Bonaparte hors des relations civiles et sociales et livré à la vindicte publique comme ennemi et perturbateur de la paix du monde, » osa croire un instant au concours de l'Angleterre. Notre illusion fut de courte durée, car Wellington signa de son chef le pacte du 25 mars 1815.

Qu'était la France militaire à cette heure ?

L'armée, que nous léguait la Restauration, comptait au 1er avril 224,000 hommes présents sous les drapeaux et environ 40,000 en congé, blessés ou incapables de reprendre, quant à présent, un service actif.

Dès le 9 avril, un décret impérial rappela sous les drapeaux les hommes qui les avaient quittés par libération définitive.

Le lendemain, un autre décret incorporait la population mâle de 20 à 60 ans dans 3,131 bataillons dont l'effectif total aurait pu atteindre 2,254,000 hommes. Malheureusement, cette formidable organisation des forces nationales n'exista que sur le papier, car 207 bataillons seulement furent créés au début ; plus tard ce nombre fut porté à 417, réunissant un effectif de 300,000 hommes ; en fait ces 417 bataillons comptèrent 150,000 hommes, et encore la plupart ne furent ni armés ni équipés.

Le 13 avril, les militaires en retraite sont rappelés à l'activité et incorporés dans des bataillons spéciaux.

Enfin, dans le courant de mai, Napoléon avait ordonné la création de 20 régiments de matelots.

Au 1er juin, les forces de la France étaient d'environ 277,000 hommes dont 200,000 prêts à entrer en campagne.

Que pouvait faire cette armée contre celles que les alliés allaient nous opposer. Il n'y avait qu'un homme aussi fortement trempé que l'était Napoléon qui put être capable de croire un seul instant au salut de la France ?

Le pacte du 25 mars nous mettait en présence d'un corps de 120,000 hommes, formé d'Anglais, d'Allemands et de Hollandais, sous les ordres de Wellington, qui nous attaquerait par la Belgique. Dans le Luxembourg, Blücher et 125,000 Prussiens. Un autre corps russe, fort de 170,000 hommes, traversait l'Allemagne pour s'établir sur le Rhin à Mayence et à Manheim.

Schwartzemberg avec un corps austro-allemand de 250,000 hommes, suivi par une réserve de 35,000 Suisses, s'avançait vers la Forêt-Noire et la Suisse, 70,000 Austro-Piémontais menaçaient la Savoie et le Var, tandis que 50,000 Espagnols avançaient sur les Pyrénées; et derrière tout cela, s'étendait encore, comme une forêt humaine, une réserve de 350,000 hommes.

En présence de cette armée forte d'un million et demi, bien équipée, Napoléon, confiant en son génie militaire si fécond en conceptions, rêva de briser le cercle de fer qui allait se former autour de lui. On lui conseilla de prendre la défensive en établissant ses bases de résistance sur la ligne Lyon-Paris, et plus au nord, la défense des vallées de la Seine et de l'Aisne.

Les alliés, comptant sur leurs forces et sur notre faiblesse, avaient arrêté le plan suivant : L'armée autrichienne, partagée en deux colonnes, devait se réunir sur la Marne et à Châlons, où l'armée russe la joindrait. L'armée austro-sarde, après s'être rendue maîtresse de Lyon, remonterait la Saône de façon à assurer les communications de l'armée austro-allemande avec la Suisse. Wellington et Blücher devaient, dès que les deux premières seraient concentrées aux environs de Châlons, se diriger sur Paris, en traversant la Sambre à Maubeuge, assiéger Philippeville et les autres places et de là, marcher sur Avesnes, Laon et Soissons, pour arriver sous les murs de Paris vers le 20 juillet.

La Suisse facilita la combinaison de la coalition en autorisant, dès le 20 mai, le passage des troupes alliées sur son territoire.

** **

Nous n'avons pas à apprécier ici l'état moral de la France, mais cependant, il faut bien que nous nous posions cette question, avec l'historien Lavallée : « Quelle valeur peuvent avoir les raisons « stratégiques et les considérations de frontières, « quand une partie du pays appelle l'étranger, « quand l'armée elle-même est pleine d'anxiété et « d'incertitude, quand on voit la France pendant « quelques jours, avoir à la fois trois gouverne- « ments ? »

En 1815, à cette heure de danger, où tous les cœurs devaient battre à l'unisson pour le salut de la Patrie, devant l'étranger mutilant notre sol, la plus affreuse anarchie, aidée par la peur, agitée par la trahison, divisait la France. Ces divisions, ces haines qui détruisent tout le patriotisme, et font du salut un objet secondaire, devaient nous conduire à grands pas à la plus terrible catastrophe militaire.

En présence de cet état politique, Napoléon résolut de prendre l'offensive. Il se jeta sur les armées du Nord, espérant que celles-ci ne pouvant faire leur jonction avant un mois, ils les battraient séparément ; sa victoire apaiserait les esprits en même temps qu'elle arrêterait peut-être les armées qui marchaient sur le Rhin.

Il rassembla cent trente mille hommes sur la Sambre, soixante mille en Alsace, sur le Jura, sur le Var, sur les Pyrénées et la Vendée. A la tête de la première, il prit pour base d'opérations les places de la Sambre sur sa gauche, et la Meuse sur sa droite, et marcha d'Avesnes sur Charleroi, point qu'il considérait, et cela fort justement, comme celui de concentration de ses adversaires.

Cette campagne commencée par la victoire de Ligny se finit, cinq jours après, par la défaite de Waterloo. L'invasion, n'ayant plus de digue pour la contenir, se répandit comme un flot houleux brisant tous les obstacles s'opposant à son cours. Wellington marcha de Waterloo par Nivelles ; Binch passa la frontière à Malplaquet et masqua

Valenciennes et le Quesnoy ; Blücher gagna, par Gosselies et Merbes, la place d'Avesnes dont il s'empara et en fit une place de dépôt. Wellington et Blücher, couverts dans leurs marches par cent vingt mille hommes qui devaient s'emparer de Valenciennes, du Quesnoy, de Landrecies, de Maubeuge, de Marienbourg et de Philippeville, se dirigèrent sur Paris.

Waterloo ayant jeté la France dans le plus grand découragement, la résistance fut à peu près nulle. Blücher prit Guise sans coup férir, mais échoua devant La Fère. Wellington se rendit maître de Cambray et de Péronne.

Pendant que l'armée française, espérant racheter Waterloo, se repliait sur Paris, dont elle comptait faire le réduit central de la défense, la place de Sedan, investie, capitula, mais le château des La Marck n'ouvrit ses portes qu'après un blocus de deux mois.

C'est cette page de notre histoire locale que nous allons faire connaître, grâce à un manuscrit laissé par un témoin oculaire, que nous compléterons en certains points par des documents originaux et *inédits* que nous avons recueillis dans différents dépôts publics.

CHAPITRE II

Mesures générales de défense.

La France, quoiqu'épuisée par les luttes de
1814, se prépara à résister à cette nouvelle
invasion.

Dans les Ardennes, sept bataillons d'élite de la
garde nationale furent placés dans les villes
frontières.

Les ressources en numéraire se composaient :
1° d'environ 80,000 francs, montant du dixième
du revenu des communes ; 2° d'un secours de
100,000 francs, accordé par le gouvernement ; 3°
des taxes de remplacement, lesquelles pouvaient
produire par approximation 20,000 francs, étaient
insuffisantes. On recourut à un appel de fonds à
titre de don volontaire et patriotique auquel on
convia tous les propriétaires et habitants du
département compris dans les rôles des contributions directes. Un registre fut ouvert dans chaque
commune.

Les fabricants de Sedan, répondant à l'invitation
qui leur était faite, firent l'avance du drap nécessaire à la confection des capotes et bonnets de
police.

En moins d'un mois le département des Ardennes,
accomplissant un effort de patriotisme, avait
recueilli l'argent nécessaire pour faire face aux
dépenses d'approvisionnement des places fortes,
de l'habillement, de l'armement et de l'équipement
de ses volontaires.

La défense active du territoire ne fut pas négligée, malgré les nombreuses préoccupations suscitées par l'organisation des armées.

Dès le 19 juin, le baron de Léocour, maréchal de camp et commandant du département des Ardennes, pour se conformer aux ordres du ministre de la guerre, prenait les mesures suivantes de concert avec M. de Trémont, préfet des Ardennes :

Des travaux considérables de défense seront faits à Stonne, au Chesne et dans l'arrondissement de Vouziers ; des coupures et des abatis seront exécutés sur la frontière, depuis Membre jusqu'à Mardic.

A la suite d'une entente du commandement supérieur avec M. le Colonel du génie de Sedan, les points suivants furent désignés pour les rassemblements de la levée en masse prescrite par le gouvernement.

Savoir :

Dans l'arrondissement de Vouziers :

1° A Beaumont ; les hommes qui composeront ce détachement se renfermeront dans les bois à proximité de ce bourg ;

2° Stonne, qui est fortifié, et qui est un des points les plus importants, puisqu'il intercepte les routes de Stenay à Rethel, et par conséquent dans l'intérieur de la France. Ce rassemblement défendra la position, et en cas de force majeure, il se jettera dans les forêts du Mont-Dieu ;

3° Le Chesne ; à défaut de troupes, ce rassemblement tâchera de s'y maintenir le plus longtemps possible, s'il était forcé de se retirer, il se jetterait

dans les bois de Saint-Denis, de la Maison-Rouge
et de là gagnerait ceux de la Croix-aux-Bois ;

4° Belleville ; ce rassemblement défendrait cette
position, celle de Châtillon sur sa gauche, et celle
de la Croix-aux-Bois sur sa droite.

Dans l'arrondissement de Sedan, sur la rive
droite de la Meuse :

Les rassemblements de la levée en masse devront
avoir lieu à Sugny, à Villers-Cernay, Messincourt
et Auflance.

Sur la route de Sedan à Mézières, les rassemblements auraient lieu à Flize et Villers-devant-
Mézières, sur la rive gauche de la Meuse, pour
partager cette route.

LE SIÈGE DE SEDAN

CHAPITRE PREMIER

Les Fortifications et le Château de Sedan (1).

I. — Les Fortifications.

Les ingénieurs militaires ont interprété diffé-
remment la valeur, au point de vue défensif, des
place et château de Sedan. Sully déclarait cette
position impropre à une défense active ; Vauban
voyait une ville imprenable. Le premier témoignage
fut cependant corroboré en 1791, car à cette époque
une commission d'officiers du génie « envoyés
« pour inspecter les forteresses de la frontière,
« reconnurent que Sedan était incapable de pro-
« téger les Ardennes, et ne résisterait point à une
« attaque, si on ne le couvrait lui-même par un
« camp retranché (2). » A la suite de ces conclusions, on construisit l'année suivante, un retran-
chement en avant des cornes de la Rochette, du
Grand-Jardin et de celles des Ecossais ; c'est-à-
dire, sur cette hauteur qui domine Sedan au nord
et au nord-est ; cet ouvrage était connu, ces temps
derniers, sous le nom de vieux camp.

*
* *

(1) Nous renvoyons le lecteur qui voudrait étudier complètement
les fortifications de Sedan, aux brochures *Le vieux Sedan*, de
M. Vesseron, et *les Fortifications et le Château de Sedan*,
par M. Henry Rouy.
(2) *Les Fortifications et le Château de Sedan*, p. 6, Henry
Rouy.

L'ensemble des fortifications de Sedan formait, en 1815, une série d'ouvrages détachés, dont le réduit central était la ville et le château.

La ceinture du corps de place, proprement dit, comprenait, du Pont de Meuse remontant vers le nord : le *bastion de Floing,* le *bastion de Silleri* ou *de la Tour,* l'ouvrage du *Fer à Cheval,* ces deux derniers construits en 1560 sur une roche escarpée d'environ 33 mètres de hauteur ; cette situation rendit fort difficile le creusement des fossés ; le *Château,* sur lequel nous reviendrons spécialement, le *bastion de la Maquette,* anciennement des *Aydants,* entrepris par Henri de La Tour en 1607, pour terminer l'enceinte de Sedan ; il rejoint d'une part la contrescarpe des fossés de la citadelle au bout du promenoir des Prêtres, et de l'autre le bastion de Nassau. La ceinture se continue par le *bastion de Nassau,* contruit en 1607 par Henri de La Tour, le *bastion de Turenne,* construit par le même de 1608 à 1613, le *bastion de Bourbon,* qui s'appelait aussi le *bastion des Jésuites* et *du Collège ;* la construction de ces trois derniers ouvrages avait fait disparaître l'ancienne enceinte de Jean de La Marck, suppression devenue nécessaire par suite de la réunion du Ménil à Sedan ; enfin le *bastion de la Picquerie* ou de *La Marck,* destiné à détourner le cours de la Meuse, qui passait, à ce moment dans la Grande Rue ; à la tête de la digue qu'il couvrait était une bonde dont l'arbre avait quarante pieds de hauteur, et servait à remplir d'eau, à une profondeur convenable, tous les fossés de la ville.

Le front des bastions de Nassau, de Bourbon et

de la Picquerie, était protégé par deux demi-lunes.
Enfin sur la rive droite de la Meuse, se trouvaient
les *deux cornes de Soissons*. On entrait dans le
corps de place entre les cornes de Soissons et le
bastion de Floing, par le Pont de Meuse, protégé
par *un réduit crénelé* qui s'ouvrait sur l'avancée de
Torcy dont il sera parlé. Les ouvrages détachés
comprenaient : le Palatinat, les cornes de la Rochette, du grand Jardin et des Ecossais, l'ouvrage
de Floing, la corne d'Asfeld et l'avancée de Torcy.

La *corne du Ménil*, qui prit, en 1618, le nom de
Palatinat, à la suite d'une visite que le prince
palatin Frédéric IV fit à Sedan, s'avance entre les
bastions de Turenne et de Nassau. Elle est cou-
ronnée par sept ouvrages : *deux demi-lunes* ayant
en arrière un *réduit* dans lequel passe la route de
Balan, deux *demi-cornes*, celle du *Ménil* à droite et
celle du *Palatinat* à gauche, et deux *demi-bastions*
regardant le Fond-de-Givonne.

Les *cornes de la Rochette* bâties sur une roche
en 1640, sont séparées par un fossé du bastion de
la Maquette ; elles couvrent le bastion du Gouverneur du château et défendent le chemin de la
Garenne ; les cornes du *Grand-Jardin*, bâties sur les
réservoirs et les fontaines de la ville, couvrent le
bastion Fourchu du Château, et enfin les *cornes
des Ecossais*, parallèles à celles du Grand-Jardin,
couvrent le Fer-à-Cheval et voient le Fond-des-
Buses. Voici ce que M. de Vauban disait de ces
trois derniers ouvrages : (1)

(1) Henry Rouy : *les Fortifications et le Château de Sedan*,
page 26.

« Si l'ennemi s'adresse aux ouvrages qui protè-
« gent le Château du côté de ces hauteurs, il sera
« obligé de les attaquer par les fronts, et rencon-
« trera à peu près les mêmes obstacles que vers
« les bastions de Nassau et la partie basse du
« Palatinat. Rien n'empêchera l'assiégé de ména-
« ger, dans chacun des ouvrages, des retranche-
« ments qui demanderont un nouveau siège. Il
« disputera ainsi le terrain pied à pied. Le corps
« de la place de ce côté présente encore une hau-
« teur et une continuité qui la défendent de la
« mine (1). »

L'ouvrage des *Capucins* formé, à droite, par les
cornes des Capucins, en avant desquelles s'ouvre
une demi-lune ; à gauche se voient les *cornes du
Rivage*. Cet ouvrage existait naturellement dès
1619, mais il ne fut maçonné et complété par des
ouvrages secondaires qu'en 1642, par les soins de
Fabert, qui en fit les frais de ses propres deniers ;
l'ouvrage des Capucins ne fut terminé que vers
1658.

A gauche du bastion des Capucins, s'élève la
couronne d'Asfeld formé de *trois cornes* et de *deux
demi-lunes*. Elle fut construite par le maréchal
d'Asfeld en 1740, pour couvrir le faubourg de la

____

(1) Une explication est nécessaire ici pour faire comprendre sur
quoi repose l'impossibilité de l'emploi d'une mine contre ces
ouvrages. La hauteur dont il s'agit est celle sur laquelle fut
construit le vieux camp ; elle est à l'altitude de 242 mètres. Or
d'après les côtes des hauteurs relevées et données par M.
Dépaquit, le point le plus haut de l'enceinte fortifiée n'atteint que
205 mètres ; le niveau du fond des fossés de la place est de 150
mètres. La hauteur dite du vieux camp dominait donc ce dernier
point de 92 mètres ; ce qui empêchait dans n'importe quelle
circonstance, l'ennemi de se glisser dans les fossés sans être aperçu.

Cassine qui fût fermé par le *bastion de la Sorille* ;
ce dernier s'appuyait à la Meuse et formait la
partie basse de la couronne.

Enfin, l'*avancée de Torcy,* commencée par Vauban
en 1689, est protégée par *une demi-lune penta-
gonale* qui s'élève à la tête du pont de Meuse et où
débouchait, pour entrer dans la place, la route de
Mézières-Sedan ; en avant se trouvaient *deux
cornes* construites en 1734 par le maréchal d'Asfeld. Sur le flanc et à l'angle gauche, *la lunette du
Roidon,* construite par le même, couvrait les
digues du canal du Moulin (1).

II. — Le Château.

Cette forteresse bâtie au nord-est de la Place
est reliée aux autres ouvrages par le bastion de la
Maquette au sud, et au nord, par celui du Fer-à-
Cheval.

Construit vers 1440 par Evrard III comte de La
Marck et d'Aremberg, il fut modifié successivement
suivant les progrès de la fortification. Au moment
de l'invasion de 1815, le château était défendu par
quatre bastions : le *bastion Fourchu* regardant le
Fond-des-Buses, le *bastion du Gouverneur* voyant
le chemin d'Illy ; le *bastion des Dames,* regardant
la ville et couvrant de ses feux l'ouvrage de la
Maquette, enfin le *bastion du Roi* faisant presque
face à la rue Sainte-Barbe.

Les remparts étaient surmontés de six tours
renfermant chacune un triple étage de casemates

____

(1) L'ouvrage qui protégeait Torcy en 1870, n'est pas celui dont
nous parlons ; cette enceinte fut construite de 1842 à 1845.

dont les voûtes étaient élevées de 8 à 10 mètres. Deux de ces tours dites du *Sud* et de l'*Ouest,* s'élevaient près du bastion Fourchu, deux autres *dites Jumelles,* près du bastion des Dames ; elles communiquaient par une voie souterraine avec le Château-Bas ; la tour de l'*Est* près du bastion du Gouverneur et enfin celle des *Oubliettes* sur le bastion du Roi.

Des souterrains communiquaient entre eux par des galeries creusées dans le roc qui occupaient l'intérieur du Château.

On avait accès dans la forteresse du côté de la campagne par deux ponts-levis couverts, le premier par les cornes de la Rochette, le second par celles du Grand-Jardin. Du côté de la ville, on entrait par une porte donnant accès directement au Château-Bas, à l'intérieur duquel se trouvait un pont-levis qui débouchait dans le Château-Haut à l'extrémité du bastion du Roi.

Le Château-Bas communiquait avec le Fer-à-Cheval par un pont-levis.

Quelle était la valeur de ces fortifications ?

M. Henry Rouy, dans l'ouvrage que nous avons déjà cité, écrit (1) : « aussi, les seigneurs de Sedan, « retranchés derrière ces tours puissantes et ces « forts bastions, s'estimaient à l'abri de toute « insulte, et leur ville tirait, au XVIe siècle assu- « rément plus d'importance de ses remparts que « de son industrie et de sa population. Et ne

(1) *Les Fortifications et le Château de Sedan,* p. 38.

« pouvaient-ils pas légitimement compter sur ces
« beaux ouvrages taillés dans le roc vif, et se
« croire suffisamment protégés par ces fossés
« d'une profondeur immense qu'on ne considère
« point sans étonnement dans plusieurs endroits?

« En réalité, la force intrinsèque du Château,
« ses moyens de défense, sa position avantageuse
« au nord-est de la France et le rôle que cette
« situation lui donna dans de grandes luttes
« inspirèrent à la plupart de nos princes des
« prétentions, des sentiments de fierté et d'orgueil,
« certes surprenants, ridicules même eu égard au
« peu d'étendue de leurs états, mais justifiés plus
« d'une fois par le succès. »

1815 allait faire place à une plus douloureuse
page que celle que nous venons de rappeler au
souvenir de nos compatriotes.

Sans vouloir discuter les inconvénients de la
situation du Château, le réduit central de la
défense, dans un bas-fond, qui condamnait les
défenseurs à ne pas voir ce qui se passait au nord
du côté de la campagne, il faut admettre qu'il
était impossible que la place tînt longtemps devant
un adversaire victorieux que chaque jour encou-
rageait encore de nouveaux succès.

La place de Sedan mal armée, — comme elle
devait l'être encore cinquante-cinq ans plus tard—
sans éléments militaires solides, n'ayant pour tous
moyens de défense que l'énergie et le dévouement
de quelques vaillants officiers, ne pouvait tirer le
moindre parti de ses fortifications. Elle succomba
dans la lutte n'ayant pu opposer qu'une résistance
passive.

CHAPITRE II

Le Siège de Sedan.

Dans la journée du 22 juin, les nouvelles du dehors signalaient la marche d'une troupe ennemie s'avançant, par le sud-est, dans la direction de Sedan.

L'empereur avait appelé au commandement supérieur de la forteresse le maréchal de camp, baron de Choisy. La garnison de Sedan, formée d'éléments divers ne représentait pas une force ayant toute la cohésion nécessaire pour faire espérer le moindre succès. Ce n'était que de la garde nationale renforcée par les bataillons de volontaires de la Meuse et de la Marne, et le dépôt du 136e de ligne. L'armée active était forte d'une centaine d'hommes, épaves du désastre de Waterloo réfugiées sous Sedan, dont la moitié, environ, appartenait au 12e de ligne ; une vingtaine d'artilleurs assuraient le service des pièces.

L'esprit politique, dont ces hommes étaient animés, ne contribuait pas pour peu à assurer leurs officiers et la population de l'impossibilité d'une résistance même de quelques jours.

Voici l'appréciation, d'un contemporain du siège, sur la valeur de la garnison de Sedan :

« Il est à remarquer, écrit notre *reporter*, que « cette dernière milice (la compagnie de canon- « niers de la garde nationale) était éminemment « bourgeoise et que, cependant, il y régnait cer-

« tain esprit de corps. Elle se composait de diverses
« armes, différant plus ou moins par leurs opinions
« politiques : la *compagnie d'artillerie* se distin-
« guait par son attachement au gouvernement
« impérial ; celles des *canonniers* et des *pompiers*,
« recrutées parmi les artisans, les maçons, les
« charpentiers, les serruriers, etc., étaient aussi,
« en général, franchement bonapartistes ou impé-
« rialistes. Au contraire, la *compagnie de garde*
« *nationale à cheval*, beaucoup moins nombreuse,
« avait des opinions royalistes ; les membres qui
« en faisaient partie devaient posséder un cheval
« de selle et assez de fortune pour se procurer des
« armes et un uniforme coûteux. La *compagnie de*
« *grenadiers,* tous en belle tenue, avec bonnet à
« poil, représentait plus particulièrement la bour-
« geoisie aisée ; elle tenait aussi, à peu d'excep-
« tions près, au parti royaliste, ainsi que la *com-*
« *pagnie de chasseurs* qui se recrutait dans la
« même classe de la société, mais ne comptait que
« des jeunes gens, tandis que les grenadiers étaient
« pour la plupart des pères de famille.

« Grenadiers et chasseurs se recommandaient
« par leur zèle ; ces derniers étaient les mieux
« exercés, avaient l'air le plus martial.

« Quant aux compagnies du centre, nous lais-
« sons à notre narrateur la parole et la responsa-
« bilité de son dire : c'étaient *les bisets, la panade,*
« *la pituite ;* c'étaient les récalcitrants de toutes
« les classes, et aussi — soyons juste — ceux à
« qui leur fortune ne permettait pas de faire la
« dépense d'un équipement. Leur uniforme devait
« être le même que celui des grenadiers, avec

« cette seule différence qu'ils portaient le chapeau
« à cornes au lieu du bonnet à poil. A la vérité, il
« était rare, à l'exception des officiers et des sous-
« officiers, d'en voir un seul en tenue militaire
« complète, la plupart des *bisets* n'avaient que le
« baudrier blanc avec la giberne, le fusil, la
« cocarde à la casquette ou bien au chapeau ; *le*
« *panade* ne montait la garde qu'avec répugnance
« et fort souvent le fourrier qui apportait le billet
« de garde était mal reçu ; plus fréquemment
« encore, les hommes se disaient *malades,* de là
« le nom de *pituite,* parce qu'ils se prétendaient
« affectés de cet inconvénient.

« Dans leurs opinions politiques, ils n'avaient
« guère plus d'uniformité que dans leur habille-
« ment. Leur major *M. Denis,* ne put, malgré
« tous ses efforts, les rendre amis de la discipline.
« Il y avait, presque dans chaque compagnie, un
« plaisant, un loustic, qui poursuivait avec succès
« un but : divertir ses compagnons au corps de
« garde et les faire rire, même sous les armes (1). »

Pour assurer la défense de la place, le baron de
Choisy la divisa en plusieurs secteurs. Le colonel
Louis Bertèche reçut le commandement du secteur
comprenant les ouvrages de Torcy, de la Cassine,
des cornes d'Asfeld et des Capucins ; le lieutenant-
colonel Lebel eut les ouvrages du Fer-à-Cheval,
le Palatinat, les bastions de la Picquerie, de Bour-

(1) Impressions d'un témoin oculaire publiées par **M.** Henry
Rouy : *Souvenirs sedanais,* troisième partie, p. 27.

bon et de Turenne. Le château et les trois ouvrages à cornes des Ecossais, du Grand-Jardin et de la Rochette furent répartis entre M. Ardant, colonel du génie et M. Braquemont, chef de bataillon d'artillerie.

La garde nationale et les bataillons de la Marne et de la Meuse furent placés sur les remparts de la ville ; l'armée active dans le château.

Il fallut déployer une rare activité, pour mettre en une journée les remparts en état de recevoir, tant bien que mal, l'artillerie ; aucune embrasure de canon n'était ouverte, aucune pièce n'occupait sa place.

On construisit immédiatement un barrage pour inonder les prairies de Balan et de Torcy ; une arche du grand pont fut disposée pour la mine.

Le service des ambulances, des hôpitaux et des approvisionnements fut organisé avec le concours de la population que l'âge ou le sexe n'appelait pas à prêter un concours actif à la défense.

L'impuissance de la place ressort nettement de cet exposé. Le devoir et l'honneur obligeaient à accepter la lutte ; on ne recula pas. Ce n'était que retarder de quelques jours la chute de Sedan.

*
* *

Le 23 juin, à la première heure, Balan et le Fond-de-Givonne étaient occupés par l'ennemi. Le général Hacke, commandant en chef d'un corps d'armée, avait pour mission de concerter ses opérations avec les colonnes anglaises qui venaient d'envahir le département du Nord par Avesnes et Valenciennes ; pour cela, il fallait qu'il se rendît maître des places fortes comprises entre Verdun et Maubeuge.

Sur les crêtes des hauteurs qui courent au nord de Sedan, on vit bientôt apparaître, comme une tache noire sur l'horizon, les silhouettes des éclaireurs de la division saxonne qui devait assiéger la place. Peu à peu ces silhouettes se rapprochèrent vers les fossés et derrière elles, apparût un rideau de troupes.

Le rappel fut battu en ville et chacun fut bientôt à son poste sur les remparts, quelques coups de fusil furent échangés sans que sur aucun point l'action fut chaude. Elle eût cependant un résultat favorable à la défense ; elle maintint les coureurs ennemis sur leurs positions, malgré les tentatives qu'ils avaient faites à plusieurs reprises de pénétrer dans les fossés de la place. Le gros des troupes ennemies avait essayé aussi de rétrécir sa ligne de circonvallation ; il ne réussit pas grâce à l'attitude de la garnison.

24 Juin. — Le rideau de troupes qui avait été vu la veille avait permis à l'adversaire de choisir, à son aise, un emplacement convenable pour la construction de ses batteries. Une de celles-ci fut installée dans un bois, sur le territoire du Fond-de-Givonne, dépendant de la propriété de M. de Givonne. Vers quatre heures du matin, elle commença le feu sur le château, où elle avait choisi pour objectif la tour des Oubliettes, au-dessus du bastion du Roi.

Sur cette tour, la défense avait établi une batterie formée d'un mortier et de quatre autres pièces. Les canonniers bourgeois servaient cette artillerie, qui répondit si vigoureusement que la place fût bientôt maîtresse de l'adversaire.

On profita de cet instant de répit pour faire annoncer à son de caisse que les personnes étrangères à Sedan aient à évacuer la ville avant midi, parce qu'à cette heure, les portes seraient fermées et les ponts-levis levés, et qu'aucune communication ne pourrait avoir lieu avec le dehors jusqu'à nouvel ordre.

La matinée se passa à se donner quelques coups de canon ; de notre côté nous n'avions aucune perte d'homme à déplorer ; la toiture d'un bâtiment du château avait été fortement endommagée.

Dans l'après-midi, des reconnaissances furent envoyées pour explorer la campagne du côté de la Garenne et du Fond-de-Givonne. Sur plusieurs points elles rencontrèrent l'ennemi en forces peu considérables ; des coups de fusil furent échangés sans résultat. Une reconnaissance de douaniers envoyée aux environs de Torcy eût à déplorer la perte d'un de ses hommes, qui fut blessé à l'épaule d'un coup de feu.

25 Juin. — A quatre heures du matin, la ville était réveillée par le bruit d'une canonnade plus nourrie que la veille et ayant encore pour objectif le château. Bientôt un des bâtiments est endommagé. L'ennemi, redoublant et allongeant son tir, lance des obus qui tombent à l'intérieur de la ville, plusieurs maisons sont atteintes. La panique s'empare non seulement des habitants mais aussi de la troupe.

« Les jeunes conscrits, recrues du 136e de ligne,
« dont le dépôt était à Sedan, de chercher aussi

« à s'enfuir par les murailles défectueuses de la
« Fausse-Braie, de la Glacière et des divers
« remparts, mais peu réussirent dans cette péril-
« leuse entreprise. Les officiers les poursuivaient
« et les ramenaient de force à la caserne. Il me
« semble encore voir le brave colonel La Bretèche,
« le sabre au poing, menaçant les fuyards et en
« ralliant un grand nombre.

« Dans le principe, la crainte des obus qui tom-
« baient un peu partout retenait chacun chez soi,
« beaucoup même avait cherché un abri dans
« leurs caves ; mais cette frayeur ne tarda point
« à s'apaiser ; on s'habitua, on s'apprivoisa avec
« ces projectiles, et, sans plus s'en soucier, on
« alla aux nouvelles (1).

L'ennemi ayant eu connaissance de cette frayeur
par ses postes d'observation, redoubla le feu de
son artillerie à la faveur duquel ses colonnes de
tirailleurs se portèrent en avant. Au nord de la
ville quelques troupes arrivèrent sur le talus des
fortifications où la défense, faute de troupe, avait
dû compter, pour la protection de ces ouvrages,
sur le canon du château et les troupes de la corne
d'Asfeld. Ces tirailleurs, enhardis par leurs premiers succès, continuèrent leur marche en avant
et tentèrent plusieurs fois l'escalade des murs du
corps de place où des brèches, qui n'avaient pu
être réparées, facilitaient leur passage. La garnison concentra ses efforts sur les points où ces
tentatives se renouvelaient. Toute la journée on

(1) Impressions d'un témoin oculaire publiées par M. Henry
Rouy, *Souvenirs sedanais*, troisième partie, page 25.

se tirailla sans aucune perte. Un habitant de Sedan paya de sa vie sa témérité. Monté sur le parapet du faubourg du Ménil, il provoquait l'ennemi à le tuer, en disant : « tire, tire, chien de Prussien ; » de temps à autre il tournait son postérieur de son côté et, frappant dessus, lui répétait cette apostrophe ; plusieurs balles frisèrent ses oreilles sans l'atteindre, quand enfin une bien dirigée le frappa dans les reins ; le malheureux expira le 27 juin.

CHAPITRE III

La Capitulation.

Pendant que le canon des remparts soutenait la lutte contre l'artillerie de l'adversaire, une réunion des notables et du Conseil municipal, tenue à l'hôtel de ville, décidait de solliciter du commandement supérieur la reddition de la place.

Après une délibération votée à l'unanimité, une délégation ayant à sa tête le maire de Sedan, se rendit au Château demander la capitulation de la ville basse.

S'il était évident qu'une résistance prolongée ne pouvait sauver la place, l'œuvre destructive de l'attaque n'était pas suffisante pour une capitulation. Rien n'est plus provoquant à la compromission de l'honneur militaire que l'intervention de l'autorité civile. Le baron de Choisy le comprit si bien, qu'il refusa catégoriquement d'accéder aux conclusions de la délibération dont le texte lui fut présenté.

Malgré les représentations des conséquences qu'entrainerait la prolongation de la lutte, il répondit que son devoir l'obligeait à tenir tête à l'invasion ; que Sedan n'avait pas souffert du bombardement ; que la Ville était à l'abri de toute tentative d'assaut, grâce à la protection du Château.

Le maire, devant cette attitude énergique du

baron de Choisy, mit une autre corde à son arc ;
il plaida la cause de l'industrie sedanaise. Celle-ci
reçut un meilleur accueil des membres du comité
de défense dont l'influence fit prendre une décision
presque spontanée, à leur commandant supérieur
qui décida d'envoyer un parlementaire au quartier
général du commandant du corps d'investissement
établi à Balan.

Le parlementaire devait proposer une trêve
pendant laquelle le Conseil de défense pourrait
discuter les conditions de la capitulation, conditions que le baron de Choisy se réservait d'imposer
à l'adversaire.

Le général Hacke ne pouvait refuser si belle
occasion que celle qui lui était offerte pour se
rendre maître d'une forteresse. Il accorda une
trêve jusqu'à cinq heures du soir ; passé cette
heure, le bombardement recommencerait avec
plus de violence, si la capitulation n'était pas
arrêtée.

*
* *

Dans la matinée, alors que se discutait la reddition de la Place, une escarmouche avait lieu sur la
route de Sedan-Mézières, non loin de Torcy, entre
un peloton de cavalerie ennemie et un détachement de gendarmes à cheval de la garnison de
Mézières.

Le bruit avait couru la veille à Mézières que
Sedan était investi par l'armée allemande. Le
lieutenant-général Dumonceau, commandant cette
place, envoya le capitaine de gendarmerie Cachera
avec une vingtaine de cavaliers, en reconnaissance

dans la direction de Sedan. Non loin de Donchery, la troupe française rencontra la diligence qui faisait le service de ce point à Mézières, et apprit par les voyageurs les faits que nos lecteurs connaissent.

Au mépris de toutes les règles sur la marche de la cavalerie en campagne, surtout au moment de prendre le contact avec l'adversaire, le capitaine Cachera laissa marcher sa troupe dans le plus grand désordre. Une trentaine de cavaliers ennemis (1) embusqués dans un pli de terrain entre Frénois et Torcy s'aperçurent de ce désordre et en profitèrent pour attaquer ces imprévoyants dès qu'ils furent à hauteur de l'embuscade. Avant que nos gendarmes fussent revenus de leur surprise, un d'entre eux était tué et plusieurs autres blessés ; le reste de la troupe s'enfuit, les uns sur Mézières, les autres sur Sedan.

Ces derniers, ayant encore à leur tête le capitaine Cachera, furent poursuivis jusqu'au pont de Torcy, où ils faillirent être victimes d'une fâcheuse méprise. La troupe placée sur les remparts croyant avoir affaire à des ennemis téméraires, les accueillit par une vive fusillade ; aucun ne fut atteint. Ils parvinrent à se faire reconnaître et purent trouver un refuge dans la place.

C'est le dernier épisode qui devait se dérouler sous les murs de Sedan.

*
* *

(1) Ces hommes appartenaient à un régiment des *hussards de la mort*.

Dès que la délégation municipale, qui avait sollicité le matin la capitulation de la place, connût le résultat de la démarche du parlementaire, elle se rendit à nouveau au Château, où elle trouva le Conseil de défense assemblé. Le baron de Choisy l'introduisit dans la salle du Conseil et lui exposa les conditions qu'il imposait à l'ennemi pour lui rendre la ville basse. C'était une convention dont les grandes lignes se résument en ces points :

Reddition de la ville basse, conservation du Château où toute la garnison, le matériel et les vivres seraient enfermés ; le droit de reprendre l'offensive, à l'heure où le patriotisme français, retrouvant son élan de 1792, ferait surgir des nouvelles légions de Jemmapes.

Le Maire protesta contre l'occupation du Château en faisant ressortir les dangers que courrait la Ville exposée au canon de la défense autant qu'à celui de l'occupation. Ces raisons, sans être mauvaises, étaient contre tout ce que le devoir commande à un officier pour qui l'honneur n'est pas un vain mot.

Le baron de Choisy mit aux voix sa proposition et la contre-proposition du maire ; la première réunit tous les suffrages.

Une convention fut rédigée sur-le-champ. Elle assurait, à l'armée française, la possession du Château dans lequel tout le matériel militaire, les approvisionnements de siège et de bouche déposés dans la place seraient enfermés ; que la ville ne subirait aucun pillage, et enfin l'entrée de l'armée ennemie était arrêtée au mardi 27 juin, à 10 heures du matin.

La population était plongée dans l'anxiété la plus profonde ; l'heure de la trêve expirait. Le bruit s'était répandu en ville que la défense se refusait à toute capitulation. Les remparts qui regardent Balan, et les rues adjacentes à ces remparts étaient couverts d'habitants qui manifestaient leur mécontentement contre l'autorité militaire.

Enfin, à cinq heures précises, le pont-levis de la porte de Balan est abaissé pour donner passage au porteur de la convention, précédé d'un trompette porteur du drapeau blanc. Un cri de soulagement sortit de cette foule qui préférait la capitulation à l'honneur de défendre sa cité.

La convention fut acceptée par le commandant en chef prussien.

*
* *

.. Le lundi 26 juin, dès cinq heures du matin, la garnison commença l'évacuation de la ville.

Ce fut le signal de bien des désordres. Aussitôt que les casernes furent abandonnées, les habitants les livrèrent au pillage, déchirant la literie, éventrant les matelas ; les magasins des vivres furent également saccagés. Il fallut l'intervention de la troupe pour mettre fin à ces scènes scandaleuses, indignes d'une population respectueuse des douleurs de la patrie.

Ces faits furent du plus fâcheux exemple pour la garnison. Les troupes envoyées pour rétablir l'ordre, se révoltèrent quand on voulut les faire remonter au Château. Plusieurs hommes refusèrent de marcher et croisèrent la baïonnette contre les officiers qui essayaient de les entraîner. Dans les rangs s'élevèrent des cris : A la trahison ? Des menaces, des insultes furent lancées à la face des officiers supérieurs qui intervinrent. Plusieurs de ces mécontents brisèrent leurs fusils, jetèrent dans les rues leurs équipements.

En présence de ces faits, le général de Choisy ordonna le désarmement des insubordonnés et les fit sortir de la place.

Les différents postes de la ville et des remparts occupés par la troupe furent relevés par la garde nationale qui les remit aux Prussiens dès leur entrée.

* * *

Le mardi, à 10 heures du matin, le château était occupé et son pont-levis levé. Le baron de Choisy, en quittant la place, adressa l'ordre du jour suivant :

« Un corps d'armée des Prussiens alliés s'est présenté le 23 au matin, et a de suite enveloppé la Ville et le Château. Les troupes de la garnison et les canonniers de la garde nationale l'en ont tenu éloigné par leur fermeté et leur bonne contenance ; tous ont fait leur devoir, et ils l'eussent fait jusqu'au dernier instant, mais la connaissance de la force du corps ennemi, la difficulté de défendre avec un nombre de braves trop inférieur la Ville et surtout le Château dont la garde nous était spécialement confiée, nous a engagé à assembler le Conseil de défense. Après avoir délibéré mûrement sur notre impossibilité de rentrer au Château en voulant défendre trop longtemps la Ville, nous avons, de l'avis du Conseil, rejeté les propositions de capitulation qui nous avaient été offertes, et avons accepté une convention dont nous avons nous-mêmes dicté les articles.

« Cette convention assure au gouvernement français la possession du Château de Sedan, l'immense dépôt de matériaux militaires qu'il renferme et la conservation d'une ville précieuse par ses manufactures ; enfin nous n'avons rien compromis, mais nous avons mis sous réserve le droit de reprendre l'offensive dès que nos armées nous en fourniront l'occasion convenable.

« Dans cet état de choses, attendons en silence et sans murmurer, les ordres qu'il plaira au gouvernement français de nous donner.

« Nous devons défendre et faire respecter l'enceinte du château et ses dépendances, ne rien faire qui puisse porter ombrage aux puissances alliées et nous attirer des plaintes de leur part.

« Restons tranquilles dans notre fort, et que la garnison quoique composée de diverses armes, soit unie, qu'elle n'ait qu'un même esprit, un même désir, celui de servir la patrie.

« S'il y a eu dévouement à s'être enfermé dans un tel Château, il y a eu lâcheté à ne pas le faire ; aussi tous les individus qui s'y sont refusés ce matin ont été désarmés, déshabillés et honteusement chassés.

« La garnison est prévenue qu'elle recevra un mois de solde ; les officiers payeurs et autres, remettront à M. le Commissaire des guerres, leurs états, pour qu'ils puissent dresser leurs feuilles de revue.

« Sedan, le 27 juin 1815.

« *Le Maréchal de camp,*
« *Commandant supérieur du château de Sedan,*
« Signé : Baron de Choisy. »

A midi, l'ennemi faisait son entrée triomphale à Sedan. « Son état-major à cheval s'était posté entre la rue Maqua et la Grande Rue ; la musique de chacun des régiments qui défilaient sous ses yeux venait se placer vis-à-vis de lui et jouait des airs nationaux tout le temps du passage du régiment ; elle était remplacée par la musique d'un autre régiment et ainsi de suite.

« Les rues étaient remplies de curieux ; chose triste, dure à notre patriotisme, inexplicable autrement que parce que la France, pleurant ses enfants comme la Niobé antique, en avait assez du régime de la gloire à outrance, aux balcons et aux fenêtres se tenaient des dames et quelques-unes firent entendre ces cris : *Vivent les alliés !*

« Le corps d'armée était extrêmement nombreux, car le défilé ne se termina que vers quatre heures. Les troupes entraient par la porte de Balan, traversaient la ville et sortaient par la porte de Torcy. Les deux derniers régiments étaient des Hessois ; ils demeurèrent à Sedan, logés et nourris chez le bourgeois (1). »

L'étranger maître de la Ville, va lutter contre le Château, c'est la résistance de celui-ci que nous allons étudier.

(1) *Souvenirs Sedanais*, par Henry Rouy, 3e série, page 29.

DEUXIÈME PARTIE

BLOCUS DU CHATEAU

BLOCUS DU CHATEAU

CHAPITRE PREMIER

Organisation de la défense du Château.

Dès l'entrée de l'armée dans les murs du Château, le drapeau tricolore fut arboré sur le toit de la tour des Oubliettes qui commande le bastion du Roi.

L'état-major de la forteresse fut composé ainsi qu'il suit :

MM. de Choisy, maréchal de camp, commandant supérieur ;

Ardant, colonel du génie, directeur des fortifications ;

Bertèche, colonel retraité, commandant en second ;

Marion, commissaire des guerres ;

Michelet, capitaine, aide de camp du baron de Choisy ;

Coline dit Samson, capitaine adjudant de place ;

Marié, capitaine adjudant de place ;

Legrand, capitaine adjudant de place.

Relié, archiviste ;

Braquemont, chef de bataillon, commandant le bataillon de la Marne ;

Charton, chef de bataillon, commandant le bataillon de la Meuse ;

Cachera, capitaine de gendarmerie ;

Adnos, capitaine de douaniers à pied ;

Cet état-major était complété par deux officiers appartenant au 12me de ligne et trois autres des régiments isolés.

La garnison forte de 1,210 hommes se décomposait ainsi qu'il suit :

Soldats du bataillon de la Meuse. 210 hommes.
Soldats du bataillon de la Marne. 400 —
Douaniers à pied .... 350 —
Douaniers à cheval............. 32 —
Gendarmes.................... 50 —
Soldats du 12me de ligne........ 49 —
Soldats isolés................. 27 —
Artillerie de ligne.............. 14 —
Artillerie de la garde nationale.. 78 —

Si à cela nous ajoutons :

29 officiers retraités ;

116 employés divers, leurs femmes et leurs enfants, et l'état-major, la population du Château était de 1,375 individus.

Le baron de Choisy divisa immédiatement la défense en secteurs.

Le chef du génie Lebel, ayant sous ses ordres l'adjudant Gippon, reçut le commandement du Fer-à-Cheval et du Château-bas.

M. Dujardin les bastions du Gouverneur, des Dames et du Roi ; le garde du génie Labarre lui fut adjoint.

M. Massillon et le garde du génie Laulanier, l'entrée du donjon, de la Fausse-Braie, du bastion Fourchu et de toute la ligne de feu du donjon.

M. Spinasse et le garde du génie Launoy la défense du donjon, la surveillance et la conservation des bâtiments militaires.

Enfin le garde du génie Bretagne reçut la surveillance des souterrains.

On adjoignit au colonel Bertèche, chargé de la défense de la citadelle, un état-major composé de quatre officiers et des commandants des bataillons de la Marne et de la Meuse.

Les troupes furent réparties entre les différents secteurs ainsi qu'il suit :

4me bataillon de la Marne.

Du flanc bas de droite du bastion du Roi au saillant du bastion des Dames, pour défense et réserve .... 274 hommes.

Depuis ce saillant du bastion des Dames jusqu'au flanc droit du bastion du Gouverneur.................. 60 —

Dans le bastion du Gouverneur .. 60 —

Dans le bastion Fourchu........ 60 —

Dans les approches du pont-levis et du donjon et dans la fausse-braie. 40 —

7me bataillon de la Marne.

Dans les casemates tirant sur le pont du donjon.................. 20 —

Dans celles qui flanquent le pont-levis de l'entrée du château-bas côté de la ville .... 12 —

Dans les casemates du flanc gauche du bastion du Roi........... 10 —

Autour du donjon, pour border les parapets et en réserve........... 175 —

Les gendarmes et les douaniers à cheval au nombre de 54 sous les ordres du capitaine Cachera garnirent les croisées hautes des bâtiments dits du gouvernement situés dans le Château-bas.

Le dépôt du 12ᵐᵉ régiment de ligne fut réparti ainsi qu'il suit :

Au Fer-à-Cheval proprement dit.   15 hommes.
Au corps de garde crénelé   10   —
Pour border le parapet, jusqu'au flanc gauche du demi-bastion.....   19   —

Un détachement composé de soldats isolés, au nombre de 27 hommes, fut placé dans le demi-bastion et dans la traverse du Fer-à-Cheval.

Enfin les douaniers à pied furent affectés aux postes suivants :

Pour border les parapets de la cour basse du Château et du pont et pour défendre la traverse ....   50 hommes.
En réserve dans la cour du Château-bas   100   —
En réserve dans la cour du donjon.   100   —

Une dernière disposition de la défense, arrêtait qu'en cas d'alerte, les troupes disponibles devaient se porter aux endroits qui leur sont assignés, où elles relèveraient les gardes qui ne sont pas à leur poste, que celles-ci iraient rejoindre.

Des dispositions complémentaires sollicitées par le comité de défense firent participer l'artillerie et le génie à la défense des points suivants :

1° Courtine entre le bastion des Dames et celui du Gouverneur ;

2⁰ Le front du bastion du Roi, qu'un fossé

permettait à l'ennemi de s'y introduire et couper les communications avec le Fer-à-Cheval ;

3° La fausse-braie qui est située en bas du grand mur de la citadelle et au flanc du bastion Fourchu du côté de l'entrée du Château.

On plaça dans la courtine du bastion Fourchu un poste de 30 hommes commandé par un officier ; dans le fossé, sous le pont qui conduit à la citadelle, un poste de 10 hommes commandé par un sergent, et sur le pont même deux pièces de canon de campagne la nuit seulement ; à la fausse-braie un poste de 8 hommes.

Toutes les nuits, un piquet de 100 hommes, pris dans les différents corps de la garnison, se tenait dans la cour du Château.

Malgré nos recherches, il ne nous a pas été possible de trouver des documents qui nous permettent de parler de l'armement et de l'approvisionnement de la place.

C'est dans ces conditions, d'une infériorité bien évidente, malgré la puissance de la forteresse, en tant qu'ouvrages, que le baron de Choisy se préparait à lutter contre l'adversaire victorieux.

** **

La présence de l'ennemi dans Sedan imposait à la Municipalité de nouvelles obligations. Le Conseil se réunit et se déclara en permanence. Par un vote à l'unanimité, il fut décidé qu'il y aurait toujours au moins quatre membres présents à la mairie, la nuit et le jour. Ces membres devaient se relever de trois heures en trois heures, de manière que deux des sortants restent avec deux entrants pendant la moitié de la séance afin de mettre ces derniers au courant de ce qui a été fait précédemment.

Une telle tâche ne pouvait être imposée à une municipalité sans compromettre bien des intérêts ; le conseil s'adjoignit des notables dont nous sommes heureux de pouvoir rappeler les noms :

MM. Desmares, Channonin, Raulin, Bridier, J.-B. Bernard, Verguin, Noël, Gilmaire, Boire, Cunin, Lefebvre, Raulin, Abraham, Poupart, Vautier, Mozet, Sabatier, Gaudin, Chayaux, Cailloux, Félix Piéret, Auguste Husson, Frédéric Bacot, Dehan, Sathelet fils, Leroy-Waquis, Chrétien Barthelémy, de Mallian, Vaurobois, Robert, Noël, Martlez, Condé, Stégy, Durotois, Javaux, avocat, Philippoteaux fils, Briancourt, Grosselin, Gerboulet et Gosset.

Nous relaterons en son temps la mission difficile que ces honorables et patriotes citoyens eurent à accomplir.

CHAPITRE II

Le Blocus

La garnison était à peine installée dans le
Château, que l'alarme était donnée. La troupe
logée dans la caserne du vieux château avait
aperçu, vers cinq heures du soir, dans la direction
d'Illy, un groupe sortant du bois de la Garenne et
se dirigeant vers la place.

Le baron de Choisy, prévenu sur-le-champ,
monta de suite à la citadelle et, à l'aide d'une
longue-vue, il reconnut distinctement une troupe
qui cherchait à gagner le chemin d'Illy. Une pièce
de 24, en batterie sur le Donjon, fut chargée et
pointée dans la direction indiquée ; le coup part et,
de l'endroit où l'ennemi avait été vu, un tourbillon
de poussière s'élève dans l'air ; quand la fumée fut
dissipée, la place était nette d'êtres humains. On
crut à un bon coup ; il n'en était rien, la troupe
avait pu se réfugier dans le bois. Quelque temps
après, quatre ou cinq hommes débouchèrent du
Champ de Mars, près du jardin de M. Noël, avocat (1). Aux cris de « qui vive » poussés par les
sentinelles avancées, ils répondirent, en mettant
leurs shakos au bout de leurs fusils : « *Ne tirez*

(1) Cette propriété est occupée actuellement par les Sœurs
Sainte-Chrétienne.

4

pas sur nous, nous sommes des douaniers français, nous sommes vos camarades. »

Un détachement fut envoyé pour les reconnaître. C'étaient en effet des douaniers français, au nombre d'une centaine, bien armés et bien équipés. Le pont-levis fut baissé et cette troupe entra dans le Château. Plusieurs hommes étaient couverts de boue par l'explosion du projectile lancé à leur adresse.

29 juin. — Vers une heure après midi, une nouvelle alerte faisait prendre les armes à la garnison. Un coup de feu avait été tiré du bastion Fourchu. Une sentinelle placée au flanc gauche de ce bastion apercevant dans les fossés du Château, regardant la campagne, un soldat qui s'enfuyait avait prévenu l'officier commandant le poste ; celui-ci engagea le déserteur à rentrer dans la place ; sur son refus, l'officier prit le fusil des mains du factionnaire et fit feu sur le récalcitrant qu'il étendit à ses pieds.

30 juin. — La ligne des sentinelles ennemies fut resserrée et leur nombre augmenté. La porte d'entrée du Château du côté de la ville fut surveillée par trois Prussiens qui se tenaient, dans la journée, au bas du glacis ; à neuf heures du soir, ils étaient placés en haut et au bord du parapet.

La courtine entre les bastions des Dames et du Roi et ces bastions eux-mêmes étaient surveillés par trois autres Prussiens ; un quatrième occupait l'entrée du Jardin des Prêtres, non loin de la demeure de M. Cunin-Gridaine.

Ce dernier factionnaire avait pour consigne spéciale d'empêcher les personnes qui n'étaient pas porteurs d'une carte délivrée par le commandant de place prussien, baron de Lowenfeld, de passer à cet endroit. Cette carte était valable pour un mois et coûtait un franc.

Pendant la nuit du 30 juin au 1ᵉʳ juillet, une nouvelle alerte mit sur pied la garnison. Des officiers poussèrent des cris « aux armes » et se répandirent dans le Château en indiquant le bastion des Dames comme étant l'objet d'une tentative d'assaut de la part de l'ennemi. Le bruit qu'ils avaient entendu était produit par la chute de pierres qui se détachaient des murs lézardés en certains endroits.

1ᵉʳ, 2 et 3 juillet. — Le cordon d'investissement du Château continue à se resserrer, les postes ennemis sont doublés du côté de la campagne. Dès ce jour, aucun secours ne peut être espéré, le blocus est complet.

4 juillet. — Cette situation commandait au baron de Choisy la plus grande circonspection. Il réunit en conseil les officiers de la garnison et leur donna les instructions que nécessitait la présence de l'ennemi en forces si considérables. Les chefs de poste devaient redoubler de vigilance, visiter souvent leurs sentinelles, inspecter leurs armes, leurs munitions ; sous aucun prétexte, officiers et soldats ne devaient s'absenter.

Le service de la garnison devint, dès ce jour, des plus pénibles. Du haut du Donjon, on avait aperçu l'ennemi exécutant des travaux de terrassement. Le génie crut devoir prendre de son côté des mesures pour assurer la solidité des terres des remparts. Des travaux importants furent exécutés aux parapets ; on les renforça avec des fascines couvertes de sacs à terre ; les épaulements d'artillerie furent consolidés par les mêmes moyens. Ce travail fut lent et causa beaucoup de fatigue, parce qu'il fallait aller chercher les sacs à terre au château bas et à la citadelle et les monter en haut du vieux château.

5 juillet. — Ce n'était plus des sentinelles ennemies isolées qui surveillaient le Château, mais un cordon non interrompu de troupes. L'ennemi fit commencer les travaux pour la construction d'une baraque en planches pouvant abriter 40 ou 50 hommes ; il la plaça à droite du jardin de M. Noël, au point culminant le plus rapproché de la route qui conduisait au cimetière St-Etienne (1), situé en face de la citadelle.

La garnison bien approvisionnée en vivres de toutes sortes, commença à manquer de tabac et d'eau-de-vie ; c'était pour elle la plus grande privation.

6 juillet. — Le général Hacke, dont le quartier général était resté jusqu'à ce jour à Balan, vint l'établir à Sedan. Il désigna M. Huet de Guerville comme maire provisoire.

Dès son entrée, des mesures furent prises pour hâter la chute du refuge de la garnison. Sur tous les points les postes furent renforcés, les travaux de contre-approche commencés, et en maints endroits on vit s'élever des épaulements prêts à recevoir l'artillerie qui devait attaquer les remparts. Les reconnaissances effectuées par l'ennemi

____

(1) Ce chemin existe encore en partie sous la dénomination actuelle de chemin du Fond Colasse ; le cimetière St-Etienne est celui situé sur la gauche du chemin du Fond-de-Givonne à Illy.

firent bientôt comprendre à celui-ci que s'il avait affaire à des murailles dans lesquelles la brèche était facile à ouvrir, ces murailles appuyées sur un roc ne pouvaient donner passage à des colonnes d'assaut, qu'autant que le roc lui-même serait entamé ; la mélinite n'était pas encore née, et l'artillerie de l'époque était loin d'avoir la puissance nécessaire pour faire croire à la réussite d'une telle tentative, la témérité était trop évidente ; l'ennemi y renonça et se borna, ainsi que nous le verrons, à tenir en éveil la garnison et à intercepter tous les moyens de communication.

Ce dernier procédé n'est pas le plus mauvais, et quoiqu'inoffensif, donne toujours un résultat favorable.

Privé de toute communication extérieure, le général de Choisy était dans l'anxiété ; la garnison et l'état-major étaient consternés ; le découragement le plus profond régnait dans cette troupe qui avait cependant fort besoin de courage ; cette situation ne pouvait qu'être très préjudiciable à la défense. Le commandant en chef fit assembler le Conseil de guerre pour réaliser les voies et moyens d'obtenir des nouvelles de Paris. On chercha partout si on ne trouverait pas un souterrain ayant un débouché extérieur ; rien ne mit sur cette trace. L'officier d'ordonnance du baron de Choisy vint trouver Relié, l'archiviste du Château, et lui demanda s'il n'avait pas des relations en ville, par lesquelles on pourrait obtenir des renseignements. Celui-ci offrit les services de sa femme et d'une amie de cette dernière.

Depuis longtemps, Relié avait imaginé un sys-

tème de correspondance très simple et très ingénieux. Mme Relié habitait une maison aux environs
de l'endroit désigné de nos jours sous le nom de
Pierremont. Elle écrivait à la pierre blanche sur
un volet peint en vert, placé à l'intérieur de la
cour de son domicile, ce qu'elle désirait faire
connaître à son mari. Celui-ci, à l'aide d'une
longue-vue, déchiffrait parfaitement ce qui était
écrit. Ce moyen fut accepté par le baron de Choisy
qui fit établir un observatoire au Fer-à-Cheval, où,
à différentes heures du jour, on recevait les communications.

Grâce au dévouement de cette femme et de son
amie, Mme Bodesson, les défenseurs du Château
purent recevoir chaque jour les nouvelles qu'ap-
portaient les journaux, et encore connaître ce que
l'ennemi faisait et disait à Sedan et dans les environs.

A l'aide d'une ficelle et d'une vessie mouillée,
les journaux, papiers, livres, etc., étaient introduits à l'intérieur du Château.

7 juillet.— Ce jour-là, on apprit par les rapports
de Mme Relié, qu'une partie de l'artillerie prussienne,
cantonnée aux environs de Sedan, venait de
recevoir l'ordre de lever ses cantonnements, pour
se diriger sur Mézières. Dans les communes envi-
ronnantes, les alliés avaient réquisionné tous les
ouvriers en bois et les bûcherons pour travailler
à la construction d'échelles. Lorsqu'on connut cette
nouvelle, l'anxiété des assiégés augmenta ; ils
craignirent que ces échelles ne fussent destinées à
donner l'assaut aux remparts ; de nouveaux renseignements parvenus à la connaissance de

Mme Relié, qui les transmit au baron de Choisy, annonçant que ce matériel était destiné à la place de Mézières, apportèrent un peu de calme parmi les défenseurs. Aussi, le soir, il y eut des réjouissances au Château. Les bâtiments furent illuminés et bientôt l'orchestre, donnant le signal du bal, lança ses fanfares dans les airs. L'ennemi inquiet d'une telle joie, envoya en demander la cause à M. Huet de Guerville, alors maire provisoire de Sedan. Sur la réponse que fit cet administrateur, qu'il ignorait complétement les raisons de cette réjouissance, le commandant de place allemand donna l'ordre de doubler les sentinelles et les postes ; des patrouilles furent commandées et circulèrent toute la nuit en ville. Les habitants de Sedan amassés autour du Château furent dispersés et contraints à rentrer chez eux. Enfin les assiégés terminèrent leur nuit dans une franche gaieté alors que l'adversaire était sur les dents.

8 juillet. — La garnison du Château apprend que l'ennemi s'est présenté devant Mézières ; les jours précédents, on avait entendu le bruit du canon de ce côté, mais aucune nouvelle n'était parvenue. Le télégraphe fit connaître aussi que le général Hacke cherchait à savoir l'effectif de la garnison et sa valeur morale. Plusieurs personnes affirmèrent à cet officier général que la garnison ne comportait pas moins de 3,000 hommes bien commandés et bien exercés, et qu'elle avait des vivres pour dix-huit mois.

9 juillet. — La discipline n'était pas des plus solides dans les troupes des bataillons des mobiles, de la Meuse et de la Marne ; c'étaient pour la

plupart des hommes mariés qui ne demandaient qu'à rejoindre leurs foyers. Beaucoup de désertions eurent lieu. Ce jour-là, deux des factionnaires des bastions du Roy et des Dames, quittèrent leur poste et désertèrent ; ils furent arrêtés par des factionnaires prussiens et enfermés en prison ; le lendemain, l'autorité prussienne les fit diriger sur Mézières. En présence de ces désertions, le baron de Choisy, ordonna que les postes de première ligne seraient occupés à l'avenir par les douaniers ; ceux-ci offraient plus de cohésion, et comprenaient mieux les obligations imposées au soldat devant l'ennemi.

10 juillet. — La journée s'était passée sans incident, lorsque vers 9 heures du soir deux coups de feu retentirent ; la troupe du Château est bientôt debout, et chacun était déjà à son poste quand on connut le motif de l'alerte.

Deux balles avaient été échangées entre les factionnaires français et prussiens dans les circonstances suivantes :

Un maréchal des logis de gendarmerie avait imaginé un système de correspondance assez ingénieux avec l'extérieur. Une ficelle bien assujettie au bout d'une longue perche et les cheminées des habitations étaient la base de son invention. A l'aide de cette perche, il jetait dans les cheminées les lettres qu'il destinait à l'extérieur. Le factionnaire ennemi établi devant le bâtiment du Gouvernement ayant aperçu un paquet qui se balançait dans l'espace cria *verda ?* le silence de la nuit ne fut troublé par aucune réponse, ce que voyant, le Prussien déchargea son arme. La sentinelle française lui répondit. Après une heure de pose aux différents postes, la troupe française fut renvoyée dans ses quartiers.

11 juillet. — Le général Hacke fait connaître au baron de Choisy l'arrivée de Louis XVIII à Paris.

12 juillet. — La ville fut l'objet de désordres provoqués par des dénonciations faites par certains habitants de la ville qui accusaient plusieurs de leurs compatriotes de cacher des déserteurs ou de communiquer secrètement avec le Château ; tout en ne découvrant rien, l'ennemi fit la plus triste besogne, il brisa ce qu'il trouva sous sa main et frappa les malheureuses gens soupçonnés.

Les journées des 13 et 14 juillet se passèrent sans aucun fait ; l'ennemi se borna à réquisionner toutes les pelles et toutes les pioches qu'il put trouver. Ces faits, qu'on distinguait très bien du Château, ne furent pas sans émouvoir les défenseurs.

Le 15 juillet, vers 6 heures du matin, un détachement ennemi en tenue de travail, la pelle ou la pioche en guise d'arme vint s'établir au pied du bastion de la Maquette. Les officiers qui accompagnaient cette troupe lui firent faire un repos pendant lequel ils s'occupèrent, sous le canon de la défense, à tracer un fossé et à dresser les gabarits pour l'exécution de ce travail. Lorsque le tracé fut fait les hommes se mirent à la besogne, relevant la tête pour insulter nos troupiers qui les regardaient du haut du bastion du Gouverneur.

Le baron de Choisy, prévenu de ce fait, se transporta à la citadelle, accompagné de M. le colonel du génie Ardant. De ce point qui domine le bastion du Gouverneur d'une dizaine de mètres, ils purent compter les travailleurs et entendre les provocations qu'ils lançaient à leurs soldats.

Exaspéré de la témérité de ces officiers prussiens et de l'insolence de leurs hommes, M. de Choizy donna l'ordre sur-le-champ à l'artillerie de prendre place à ses pièces. En un clin d'œil, elles furent chargées et la mèche prête à mettre le feu à la charge. Le colonel Ardant intervint auprès du baron de Choisy, il lui fit remarquer qu'en attaquant à cet endroit, c'était provoquer une attaque générale de la Place. A cette observation, il ajouta la faiblesse de la garnison, le mauvais état des fortifications dont les murs étaient lézardés en maints endroits. Accepter la lutte, c'était condamner Sedan à être brûlé en l'exposant au tir ennemi et au tir des défenseurs du Château.

Ces raisons trouvèrent un écho favorable chez le commandant supérieur, mais dans la troupe ce fut autre chose. Quoique la compagnie d'artilleurs ne fut composée en grande partie que d'hommes mariés dont les familles habitaient la ville, les canonniers, ne recevant aucun ordre, s'impatientaient ; leurs officiers avaient peine à les contenir. Malgré le tableau des horreurs auxquels leur conduite allait exposer la ville, ils voulaient à chaque instant ouvrir le feu. Lorsque le colonel Ardant eût obtenu du général Choisy l'ordre de faire rentrer les hommes dans leur casernement et de décharger les pièces, leur mécontentement fut à son comble. Leur mauvaise humeur n'eût plus de borne et ce n'est qu'à regret qu'ils abandonnèrent leurs pièces.

Le baron de Choisy autorisa le colonel Ardant à sortir de la place et à se rendre en qualité de parlementaire chez le général Hacke pour lui demander des explications sur l'attitude des troupes.

Pendant tout le temps de cette discussion, les travaux de terrassement suivaient leur cours, et lorsque la nuit vint jeter son voile sur la terre, le fossé était à peu près terminé.

Le lendemain, vers quatre heures du matin, le pont-levis du Château était baissé, et le colonel Ardant, accompagné du capitaine Michelet, aide de camp de M. le baron de Choisy, sortit de la place et se rendit au quartier général ennemi, établi dans la maison de M. de Neuflize.

Il fut reçu très courtoisement par le général Hacke ; leur entrevue ne dura pas moins de deux heures, au cours de laquelle les travaux des assiégeants furent discutés par le parlementaire français. Ce qu'on sait de cet entretien, c'est que, sur les observations de M. Ardant, le général prussien aurait répondu :

« Vous, Messieurs les Français, vous montez
« tous les jours des sacs de terre au Château-haut
« pour faire des épaulements et autres ouvrages ;
« vous travaillez beaucoup, il faut bien que je
« vous imite ; que dirait sans cela le général en
« chef ; les Français se fortifient, et vous, vous
« restez dans l'inaction.

« Ainsi, si vous travaillez, ajouta l'Allemand,
« je ferai de même (1). »

(1) Manuscrit Relié.

Le général Hacke autorisa dès ce jour l'entrée et la sortie de la correspondance des officiers et soldats avec l'extérieur; les lettres étaient remises décachetées au colonel Demarle, commandant d'armes, qui les faisait passer au général prussien commandant la place de Sedan ; ce dernier envoyait cette correspondance à sa destination.

Nos deux parlementaires, n'ayant pu obtenir que cette seule faveur des autorités prussiennes, prirent congé et rentrèrent au Château, où ils furent accompagnés jusqu'au pont-levis par deux officiers des alliés.

A la suite de cette entrevue, on espérait qu'une trêve ne serait pas longue. La garnison fut bien vite déçue, car les deux partis redoublèrent d'ardeur dans l'exécution, les uns des travaux d'attaque, les autres des travaux de défense. Le bruit courut en ville que l'ennemi renonçait à une attaque de vive force, parce qu'il espérait se rendre maître du Château par la famine. Il était évident pour toute la population que ce moyen était le meilleur, et les craintes d'une réussite prochaine ne manquèrent pas de la plonger dans la plus vive anxiété.

Cette nouvelle, connue au Château, grâce aux communications de Mme Relié, n'eût pas ici le même écho, on en rit beaucoup. L'ennemi et la population sedanaise ignoraient que les provisions en vivres permettaient de soutenir le blocus pendant au moins huit mois encore, et qu'un puits intarissable, profond de soixante-dix pieds, donnerait autant d'eau qu'il en faudrait.

Les relations des Prussiens avec les assiégés

étonnaient beaucoup que ceux-là eussent des dispositions aussi belliqueuses à l'égard des derniers ;
c'est ainsi que plusieurs fois on vit au pied du
bastion du Roy des officiers prussiens, accompagnés d'un sous-officier, venir recevoir la correspondance du Château destinée à l'extérieur, que le
colonel Demarle faisait descendre dans un panier
attaché à l'extrémité d'une corde ; l'ennemi remet-
tait en échange celle qu'il avait reçue de l'extérieur,
même jusqu'à l'argent destiné aux soldats.

Cette complaisance de la part des Prussiens ne
fut pas jugée suffisante par la population ; il n'était
pas possible de dire ce qu'on voulait sur les lettres
que l'on confiait aux autorités, aussi mit-on en
œuvre d'autres moyens.

« Les malins Sedanais se servirent, au nez et à
la barbe des sentinelles allemandes, d'un innocent
jeu d'enfants pour envoyer des nouvelles aux canonniers : des gamins jouaient au cerf-volant sur le
Promenoir (1) ; dès que leur dragon se trouvait
au-dessus du Château, vite ils coupaient la ficelle,
et l'intelligent jouet allait se perdre là-haut avec
les nouvelles qu'il portait. Deux de ces essais
seulement réussirent, il est vrai ; le troisième
cerf-volant fut confisqué par les Hessois, à qui ce
jeu parut suspect ; l'enfant qui tenait le fil fut
arrêté, conduit au poste ; il en fut quitte pour une
schlague soignée, dont nos amis « les bons alliés »
n'étaient point avares au début de l'occupation. A
partir de ce jour, le Jardin des Prêtres fut stricte-
ment interdit aux habitants.

(1) Le Promenoir dit des Prêtres était parallèle au front des
bastions des Dames et du Roi.

« Les Sedanais ne se reconnurent point battus. Des hommes d'un âge mûr s'emparèrent de cette invention et la nuit lancèrent, soit du Champ de Mars, soit du Moulin à Vent (1), soit de jardins situés sur tel fort voisin, selon la direction du vent, de grands et solides cerfs-volants, habilement confectionnés de lettres, de proclamations, de journaux tels que : *la Quotidienne, le Constitutionnel, le Mercure, le Drapeau blanc, le Nain-Jaune.* Les assiégés avaient ainsi des nouvelles de leur famille et connaissaient les événements publics. Dans la crainte de quelque dénonciation, on avait soin de tenir secrets les noms de ces dévoués bourgeois et les endroits d'où ils lançaient leurs dragons (2). »

Aucun événement militaire ne s'accomplit durant la période que nous venons de rapporter. L'esprit de la garnison, grâce aux communications des journaux, était au vent de la politique. Le départ de l'Empereur Napoléon Ier, le retour de Louis XVIII à Paris, faisaient les frais des conversations. Le 17 juillet, à la suite d'une communication reçue de M. Huet de Guerville, le drapeau tricolore fut enlevé du Château ; des militaires déchirèrent leurs cocardes ; les mutineries ne manquèrent pas de naître, et deux camps politiques se formèrent dans la garnison. Malgré l'active surveillance qu'exercèrent les officiers, des rixes eurent lieu ; les soldats refusèrent de travailler.

---

(1) Hauteur située au S.-E. de Sedan, à droite du chemin de Daigny.
(2) *Souvenirs Sedanais,* 3e série, pages 30-31. Henry Rouy.

Le 20 juillet entrait, à neuf heures du matin, à Sedan, M. Milon de Villiers, envoyé extraordinaire du gouvernement avec mission d'éclairer les habitants sur la situation politique qui était faite à la France vis-à-vis de l'étranger à la suite de l'exil de l'Empereur. Dès son arrivée aux avant-postes ennemis, ce fonctionnaire sollicita du général Hacke l'autorisation de communiquer avec les places de Sedan et de Mézières. Celui-ci, ne voulant pas prendre sur lui cette autorisation, en référa au général Blücher dont le quartier-général était à Versailles. Pendant ce temps, il confia la surveillance de l'envoyé français à un officier prussien.

Sitôt que la présence de M. de Villiers fut connue à Sedan, le drapeau blanc fut arboré au Château. La ville entière prit part à cet événement ; le soir, de brillantes illuminations et un bal au Château complétèrent la joie dans laquelle cette arrivée avait plongé la garnison et la population. Ces réjouissances ne furent pas sans laisser naître dans les troupes prussiennes l'espoir que la fin de la guerre n'était pas éloignée.

Pendant que le marquis de Villiers attendait la rentrée du courrier apportant la réponse du général Blücher, des faits regrettables continuaient à se passer au Château. Le baron de Choisy ayant donné l'ordre de continuer les travaux de défense, la garnison refusa de se rendre sur les chantiers. Il est vrai que parfois ce travail était très pénible ; mais le patriotisme ne commandait-il pas de surmonter toutes ces difficultés ? Plusieurs arrestations furent opérées. Dans une réunion, provoquée par ces événements, le Conseil de guerre décida, au cours de la séance, que les mutins seraient mis à la disposition de l'autorité allemande, qui se chargerait de les diriger sur Mézières, où ils seraient employés aux travaux de l'attaque ; singulier moyen, il est vrai, de chercher à nuire à l'ennemi en lui procurant des travailleurs ; il semble qu'il était suffisant que les nombreux déserteurs qui abandonnaient chaque jour le Château, ne pouvant échapper aux sentinelles ennemies, distantes l'une de l'autre de trente ou quarante pas, aillent grossir le contingent des travailleurs, sans que d'un commun accord les autorités françaises ne fournissent des troupes de garnison à l'adversaire !

Disons de suite, et cela pour l'honneur de nos populations, que les défections ne furent jamais signalées chez les douaniers, les isolés, la compagnie d'artillerie bourgeoise, mais bien dans les bataillons de la Marne et de la Meuse.

Le 24 juillet, sur un ordre du baron de Choisy, tous les travaux de défense furent suspendus ; cet acte de l'autorité militaire calma un peu le mécontentement, qui grandissait chaque jour, à la vue même des dispositions que l'ennemi prenait. A cette époque, le cordon de troupes qui tenait la ville cernée était si étendu et ses consignes si sévères que l'administration prussienne n'autorisait pas les inhumations dans le cimetière Saint-Etienne, mais bien dans celui du Fond-de-Givonne, depuis longtemps fermé.

Le lendemain, le général Hacke quittait Sedan et se rendait à Charleville, où il installait son quartier général pour diriger personnellement les travaux d'attaque de Mézières.

M. de Villiers, ne recevant aucune réponse des autorités ennemies, vint à Charleville. Malgré ses instances, le général Hacke refusa formellement de lever la consigne qui interdisait à l'envoyé français de passer la ligne des sentinelles. Il dut quitter cette ville, à onze heures du soir, pour regagner Sedan où il arrivait à quatre heures du matin.

*
* *

Nous devons à la vérité de rendre un hommage au patriotisme, à l'abnégation même, dont fit preuve M. de Villiers, dans l'accomplissement de sa mission.

Sur le refus du général Hacke de le laisser pénétrer à l'intérieur du Château, M. de Villiers offrit ses enfants pour otages, pendant la durée de son entretien avec le Commandant du Château (1).

Malgré cet acte, dont nous rencontrons peu d'exemples, M. de Villiers ne fut pas exempt de suspicion ; on l'accusa à Paris d'être l'auteur volontaire du retard dans la remise des plis qui lui avaient été confiés.

Notre impartialité nous fait un devoir de reproduire les deux pièces suivantes : la première la lettre que notre envoyé adressa au général Hacke pour solliciter une entrevue avec les commandants du Château de Sedan et de la place de Mézières ; la seconde est le rapport qu'il adressa immédiatement au Ministre de la Guerre, à la suite du refus du

____

(1) Nous devons à l'extrême obligeance de notre sympathique compatriote, M. J.-B. Brincourt, la communication des documents relatifs à la mission de M. de Villiers.

5

général prussien ; ces pièces sont la plus belle protestation contre les accusations dont fut victime M. de Villiers.

« Le 20 juillet 1815.

« Monsieur le Général,

« J'arrive à l'instant de Paris chargé de dépêches du Ministre de la Guerre pour le général commandant de la division, pour le général commandant Mézières et le Château de Sedan, qui, j'espère, tendront à faire cesser les hostilités. Le témoignage flatteur et honorable que vous a rendu M. le général prussien, gouverneur de Paris, me remplit de confiance, et j'ose espérer que vous voudrez bien consommer cette œuvre d'humanité, trop heureux, quant à moi, si avec votre puissant secours je puis coopérer en quelque chose au bonheur des braves habitants que j'aime et qui acquerreront votre estime dès que vous aurez pu les connaître.

« Je vous prie de m'accorder un instant d'audience et d'agréer, etc.

« Signé : MILON DE VILLIERS. »

« Sedan, le 20 juillet 1815.

« A Son Excellence le Ministre de la Guerre,

« Monseigneur,

« Aussitôt que j'ai pu obtenir mes passe-ports visés par les puissances alliées, je suis parti pour porter les dépêches que vous m'avez confiées pour les généraux commandant la 2e division, Mézières et la citadelle de Sedan. D'après les informations que je pris d'un officier prussien à Launois, il me parut indispensable d'obtenir des laissez-passer du général en chef et en effet.

« Je partis donc de Launois, où j'arrivai hier soir ; ce matin à trois heures, je viens de voir M. le général Hacke qui m'a fait observer que mes passe-ports, bien que visés par les autorités prussiennes et anglaises, ne suffisaient pas pour qu'il me permit de pénétrer dans les lieux qu'il assiège, ni de laisser arriver des lettres d'une autorité étrangère pour lui, sans qu'il soit lui-même autorisé par son chef suprême, le général Blücher.

« Son Excellence veut bien de suite envoyer un officier à Saint-Cloud pour prendre les ordres du Maréchal ; mais, en attendant, je reste sous la surveillance d'un officier comme porteur de dépêches pour pays ennemi.

« Cependant, Monsieur le Général, qui me parait allier l'humanité à la sévérité des règles, veut bien me promettre d'arrêter l'effusion du sang jusqu'au retour de son courrier.

« C'est à vous, Monseigneur, qu'il appartient de lever cette difficulté par une explication avec Monsieur le Maréchal Blücher.

« On assure que le drapeau blanc a été arboré à Mézières, puis qu'il a été remplacé de nouveau par celui tricolore ; je ne puis vous confirmer cette nouvelle, mais il me parait constant que les généraux ne pourront avoir une force morale suffisante tant qu'ils n'auront pas reçu les ordres que je porte.

« Je désire ardemment pouvoir les leur remettre et leur dire tout ce qu'ils ignorent de relatif au roi et au rétablissement de son autorité. Croyez,

Monseigneur, que je n'épargnerai ni soin, ni zèle, ni peine, pour m'acquitter de la Commission dont vous m'avez chargé.

« Je regrette que mon empressement ne m'ait pas permis de suivre l'idée que j'avais eue d'aller demander l'autorisation ou le visa de M. le Maréchal Blücher.

« Veuillez agréer, etc.

« Signé : Milon de Villiers. »

**

Le 28 juillet, l'autorisation du général Blücher parvint au quartier général prussien ; le 29, au matin, M. de Villiers en recevait communication, et à 10 heures il entrait au Château. Son entrevue avec le baron de Choisy dura jusqu'à trois heures de l'après-midi. De là il se rendit à Mézières, où il vit le gouverneur de cette place.

A la suite de ses démarches, notre envoyé rédigea un rapport duquel nous extrayons le passage suivant :

« Les gouverneurs de ces places (Mézières et le Château de Sedan) me chargent de faire savoir qu'ayant offert au Roi l'hommage de leur soumission avec celle de leur garnison, ils jugent qu'il est de leur devoir de les conserver à son autorité jusqu'à ce que Sa Majesté leur ait donné l'ordre de les remettre aux mains de qui que ce soit. De son côté, M. le général Hacke, se fondant sur le principe que la cause du Roi et celle des puissances alliées est la même, et que résister au projet des uns, c'est résister aux intentions des autres, conserve la disposition de pousser le siège avec vigueur jusqu'à ce que des ordres de son chef suprême lui permettent de suspendre ses opérations militaires. »

Ce n'est pas la plus triste page du récit de cette invasion écrit par un témoin oculaire ; la misère qui désolait notre département, les douleurs de nos populations renferment un enseignement plus terrible.

A la date du 1er août, moins de deux mois après l'entrée de l'ennemi dans notre département, voici la situation qui était faite à sa population, situation exposée par M. de Villiers dans un rapport qu'il adressait au Ministre de l'Intérieur le 1er août 1815.

« Il serait difficile de vous dépeindre les calamités qui l'assiègent (le département des Ardennes). Les contributions et réquisitions de toutes espèces frappées par les Autorités sont estimées s'élever à plus de 10 millions dans ce département, mais ce mal est le moindre. Toutes les ressources sont épuisées, après avoir donné tout ce qu'ils possèdent, les habitants sont exposés à tant de vexations et de mauvais traitements que ne pouvant plus, non seulement nourrir les soldats qu'ils logent, mais se nourrir eux-mêmes, le désespoir les porte à abandonner leurs habitations pour errer dans les bois ; mais dès cet instant leurs maisons sont livrées au pillage, meubles, portes, fenêtres, lambris, etc., sont brisés ou brûlés, et il ne leur reste d'autre consolation que la pitié.

« Tous les habitants des communes voisines de Mézières sont contraints d'aller travailler aux travaux du siège ; ceux qui fuyent sont poursuivis dans la personne de leurs parents ou de leurs magistrats ; toute la Municipalité de Rethel a été arrêtée pour cet objet.

« Les campagnes vont bientôt être privées d'habitants et de bestiaux que l'on enlève chaque jour, de sorte que les moissons vont rester sur le sol ; déjà quelques généraux parlent de faire faire la récolte par leurs soldats et vous pouvez prévoir les suites de cette mesure. »

Quittons le tableau de ces sombres misères, que nous retrouverons malheureusement dans tous ses détails, lorsqu'il nous faudra raconter l'occupation et revenons à ce qui se passait sous les murs du Château.

Malgré une convention conclue entre M. de Villiers et le général Hacke, qui accordait une suspension d'armes jusqu'au 3 août, le baron de Choisy redoubla de vigilance. Une ancienne porte qui occupait autrefois la place du pont-levis situé entre le bastion du Roy et le palais des Princes fut enlevée et mise à l'entrée de la voûte, à l'intérieur du Château. De cette façon il était impossible aux parlementaires de voir ce qui se passait dans la cour ; le corps de garde se trouvant placé entre le pont-levis et cette porte.

Un piquet de cinquante hommes, l'arme chargée, fut placé dans la cour, ainsi que deux pièces de canon ; ils devaient protéger cette entrée, dans le cas d'une tentative de l'ennemi.

Le lendemain du départ de M. de Villiers, un parlementaire se présenta à 10 heures du matin au Château ; il fut reçu par le capitaine Michelet, aide-de-camp du baron Choisy et les capitaines de place Coline et Marié, et conduit au commandant supérieur. Au cours de l'entretien, qui ne dura pas moins de quatre heures, il fit connaître que pendant la trève, le général Hacke rassemblait ses troupes et toute son artillerie, pour commencer, aussitôt l'expiration, le bombardement de la place. M. de Choisy, ne pouvant prendre sur lui seul la responsabilité d'une décision, fit assembler le Conseil de défense. La mission du parlementaire mise en discussion, le Conseil vota à l'unanimité, une prolongation d'armistice pour permettre de correspondre avec le ministre de la guerre.

CHAPITRE III

La Capitulation

La prolongation de l'armistice ayant été accordée, le baron de Choisy se mit immédiatement en relations avec le Ministre de la guerre, pour que celui-ci lui adressât sans retard, des instructions sur sa conduite à tenir à l'égard des démarches des armées alliées, enjoignant de rendre les places fortes qui jusqu'alors luttaient encore contre l'invasion. Plusieurs dépêches, soit qu'elles ne parvinssent pas à leur destination ou pour d'autres raisons que nous ne pouvons préciser, restèrent sans réponse. Les vivres diminuaient, les menaces de l'adversaire terrifiaient; cette situation nécessitait une prompte solution. Le baron de Choisy convoqua le conseil de défense. Après une longue discussion, où tout fut pesé, le seul remède à apporter au mal fut de signer la capitulation.

Un parlementaire sortit du Château et se rendit au quartier général des alliés. Le général Hacke délégua le colonel baron de Witzleben, chef de l'Etat-major général ; de son côté, le baron de Choisy donnait ses pouvoirs au colonel Ardant, directeur des fortifications.

La convention suivante fut arrêtée et signée par ces deux officiers supérieurs :

Convention faite entre l'armée du nord de l'Allemagne et la garnison du Château de Sedan.

Cejourd'hui, 20 août 1815, se sont réunis : M. le baron de Witzleben, colonel chef de l'Etat-major général nommé par S. Exc. M. le baron de Hacke, commandant en chef de l'armée du Nord de l'Allemagne, et M. le colonel Ardant, directeur des fortifications, nommé par M. le baron de Choisy, maréchal de camp, commandant supérieur du Château de Sedan, pour traiter et conclure une convention tendant à faire cesser toute hostilité entre les troupes des puissances alliées et celles de S. M. le roi de France, lesquels, délégués à cet effet, après avoir exhibé leurs pouvoirs, sont convenus de ce qui suit :

Article 1er.

Les portes des châteaux haut et bas seront ouvertes le troisième jour après la ratification de la présente ; les officiers et les troupes ci-après désignés en sortiront le même jour ; il n'y restera pour la garde et la conservation de ce qu'ils renferment, que l'Etat-major, les administrations militaires qui y sont, et une garnison de cinquante hommes et treize canonniers pour soigner l'artillerie et les magasins.

Article 2.

La garnison du Château ne pourra aller en ville que sans armes, hors MM. les officiers qui conserveront leur épée.

Article 3.

Si le 15 septembre, M. le général commandant

supérieur n'a pas reçu de son gouvernement
d'ordres contraires à la convention, il remettra
d'après. des inventaires dressés par des commissaires nommés de part et d'autre, lesdits châteaux
avec toutes les propriétés du gouvernement, y
compris les places, mémoires militaires, etc., etc.,
aux troupes des puissances alliées sous les ordres
de S. E. le lieutenant-général de Hacke, qui
devront les rendre à la paix définitive à S. M. le
Roi de France, si cette remise est convenue entre
lui et les puissances alliées.

Article 4.

A dater du 24 août au 15 septembre, il sera
permis au public de traverser comme ci-devant la
cour basse du château, mais il ne sera permis
qu'aux officiers, aux employés de l'administration
et aux soldats formant la garnison du Château de
monter au château haut.

Article 5.

Les canonniers de la garde nationale pour la
défense de la place et du Château, rentreront dans
la Ville à six heures du matin, avec leurs sabres
qui sont leur propriété.

Article 6.

Les officiers et préposés des douanes à pied, les
officiers et les cavaliers de la même administration
et les gendarmes royaux sortiront à six heures et
demie, ils conserveront leurs chevaux, leurs har-
nachements, équipements, fourniments, et leurs
armes qui sont leur propriété. M. le Préfet du
département et M. le Directeur des douanes seront
à l'avance prévenus de cette disposition.

Article 7.

Les deux bataillons de la garde nationale de la Marne et de la Meuse seront licenciés dans la forme prescrite par l'ordonnance de Sa Majesté et ils sortiront du Château à huit heures du matin, après avoir déposé leurs armes dans l'arsenal du donjon, à l'exception des officiers qui conserveront les leurs, les sous-officiers et les légionnaires qui garderont leurs sabres.

Des moyens de transport, des passe-ports ou des feuilles de route seront accordés aux officiers et sous-officiers mariés pour se retirer dans leurs foyers, ou bien où bon leur semblera.

Toutes les propriétés particulières des officiers, sous-officiers et soldats, tant au Château qu'en ville, seront respectées, et ils en disposeront à leur volonté.

Article 8.

Les officiers isolés et autres que des mesures militaires avaient forcément arrachés de leurs foyers, y seront renvoyés avec leurs armes et avec les facilités accordées aux officiers des bataillons avec lesquels ils sortiront du Château, ainsi que tout soldat isolé.

Article 9.

Les militaires malades seront transportés à l'hôpital de la ville, pour y être soignés jusqu'à parfaite guérison, après quoi, il leur sera délivré des feuilles de route pour retourner soit à leurs corps, soit dans leurs familles.

Article 10.

Après la remise définitive du Château, MM. les

officiers d'Etat-major et des administrations militaires, recevront des passe-ports ou des feuilles de route, pour se retirer où ils devront ; il leur sera fourni des moyens de transport ainsi qu'aux officiers de la garnison qui recevront, eux et leurs soldats, des feuilles de route pour se rendre aux lieux prescrits par les ordonnances du roi.

Article 11.

Les familles domiciliées dans les châteaux y resteront, les militaires qui y ont droit à un logement le garderont, autant qu'il pourra leur être conservé ; les personnes et les propriétés particulières qui s'y trouvent seront respectées, et aucun individu ne pourra être inquiété pour la défense de la place et des châteaux.

Article 12.

La présente convention n'aura son exécution que lorsqu'elle sera ratifiée par S. Excellence M. le Lieutenant-général commandant en chef l'armée du nord de l'Allemagne, et M. le Maréchal de camp, commandant en chef des châteaux de Sedan.

Remis, aussitôt il sera délivré des passe-ports à un officier français à l'effet de porter ladite convention à Son Excellence le Ministre de la guerre pour être mise sous les yeux de Sa Majesté le Roi de France et recevoir ses ordres.

Signé : WITZLEBEN,
Colonel, chef d'Etat-major général.

Le chevalier ARDANT,
Colonel, directeur des fortifications.

Dès la signature de cette convention, les officiers du Château reçurent des permissions pour aller en ville ; le 22 août, le baron de Choisy, avant de se séparer de la garnison, lui adressa l'ordre du jour suivant :

Ordre du jour.

La garnison, connaissant le projet des puissances alliées de s'emparer de nos places fortes, devait s'attendre depuis longtemps, et surtout depuis la reddition de Mézières (1), que son tour viendrait d'être attaquée ou d'être sommée de se rendre. En effet, M. le général en chef de l'armée du Nord de l'Allemagne ayant réuni son artillerie et ses forces dans nos environs, a fait sommer à trois reprises différentes de lui remettre le Château et tout ce qu'il contient.

J'ai tâché de gagner du temps, dans l'espoir de recevoir des ordres du Ministre de la Guerre, à qui je n'ai cessé d'écrire ; désespérant enfin d'en recevoir, vu les précautions prises par les puissances alliées, j'ai dû rassembler le Conseil de défense et prendre, d'après son avis, le seul parti convenable, dans des circonstances aussi graves et aussi rares.

---

(1) Par la convention du 10 août, la place de Mézières fut remise aux alliés ; le 11 à midi la tête du Pont d'Arches, tous les ouvrages jusqu'à la Meuse, ainsi que ceux extérieurs de la porte Saint-Julien furent remis aux troupes ennemies ; le 12 elles occupèrent la Couronne de Champagne jusqu'à la Meuse, et le 13 à midi, le corps de la Place.

Les troupes françaises désignées pour la défense de la citadelle entrèrent dans cet ouvrage une heure avant les troupes étrangères. Ce réduit de la défense succomba lui-même le 1er septembre. Les troupes en sortirent avec les honneurs de la guerre, et il fut occupé par l'ennemi le 3 septembre.

J'ai dû rendre à leurs fonctions ces braves gendarmes et ces braves douaniers qui m'étaient officiellement redemandés depuis quelques jours, j'ai dû rendre à leurs familles et à l'agriculture cette jeunesse intéressante de la Meuse et de la Marne que la force avait arrachée de ses foyers et que les ordonnances bienfaisantes de S. M. viennent de licencier.

J'ai dû me séparer des canonniers de la garde nationale de Sedan, que leur dévouement à leur patrie avait portés à se renfermer volontairement avec nous dans ce Château ; j'ai dû renvoyer dans leurs familles des officiers distingués, des soldats isolés dont S. M. s'empressera de récompenser les services.

Enfin, en traitant avec les puissances alliées, j'ai dû chercher à obtenir les meilleures conditions, et je crois y être parvenu ; ce n'est que le 15 de ce mois que je dois rendre le Château avec garantie qu'il sera remis à S. M. le roi de France.

Espérons qu'avant ce temps la paix sera faite, et que les puissances alliées n'auront pas la satisfaction d'y entrer ; alors nous n'aurons qu'à nous féliciter de n'avoir pas inutilement répandu du sang et de n'avoir pas sans but entraîné la ruine certaine de la ville et du Château.

Je témoigne ma satisfaction à toute la garnison et je la remercie de la conduite qu'elle a tenue pendant tout le temps qu'elle a été sous mes ordres ; je serai volontiers auprès de S. Exc. le Ministre de la Guerre l'interprète de ceux qui auront des demandes ou des réclamations à faire.

Les canonniers de la garde nationale pourront

rentrer chez eux ; les portes leur seront ouvertes demain à onze heures du matin.

Messieurs les commandants des corps donneront des ordres pour qu'il soit fait lecture du présent avis dans chaque compagnie, ainsi que de la convention qui devra être affichée dans leurs quartiers respectifs.

Le Maréchal de camp commandant supérieur,
Signé : Baron de CHOISY.

Malgré le peu d'importance des évènements qui se déroulèrent sous les murs de la Place et du Château de Sedan, les dépenses du siège furent formidables. D'après les états que nous avons pu consulter aux archives de Sedan, elles atteignent la somme de 768,190 fr. 60, se décomposant ainsi qu'il suit :

Approvisionnement de siège, grains, viandes, eau-de-vie et autres denrées pour la place de Bouillon, Givet, Rocroy et Sedan, réquisitions ordonnées par le Préfet (1) 38,965 30

Payé pour la réquisition de 5 voitures, 10 chevaux et 5 conducteurs pour transports.................. 4,000 »

Drap livré pour l'habillement de la garde nationale d'élite du département, réquisition ordonnée par M. le général Vandamme.............. 127,000 »

Emprunts sur la Ville.......... 97,144 63

(1) Les réquisitions pour les approvisionnements de ces villes ont été faites à Sedan et payées par cette ville ; il convient donc de les lui imputer comme charges de guerre.

Service des subsistances et orga-
nisation des hôpitaux............. 123,371 23
Habillement et équipement des
troupes et de la garde nationale.... 281,074 77
Remonte..................... 3,000 »
Artillerie 25,596 24
Travaux de casernement, de
défense, etc.................. 68,038 43

Totaux.............. 768,190 60

TROISIÈME PARTIE

L'OCCUPATION

L'OCCUPATION

CHAPITRE PREMIER

Juin-Juillet

C'est parce que l'humanité a le triste privilège
de remonter le courant du passé, où elle revoit
dans toute leur vitalité, les maux, les misères, qui
tour à tour sont venus la frapper, que jusqu'alors
nous n'avons pas parlé de l'occupation des alliés à
Sedan. Il nous faut revenir au 27 juin, jour où ils
entrèrent dans la ville, et suivre pas à pas, le
vainqueur dans ses exigences, pour que nous
comprenions les horreurs de l'invasion. Quel triste
enseignement que les leçons de l'adversaire ? Quels
sinistres souvenirs laissent après eux ces hommes,
qui, au mépris du droit des gens, n'ont aucun
respect de la propriété, aucune pitié pour le malheur ? Un de nos honorables compatriotes, M. Henry
Rouy, dont le savoir est apprécié depuis longtemps,
a tracé d'une main de maître le tableau de la
dernière invasion (1) ; eh bien, nous ne croyons
pas que les faits de 1815 aient quelque chose à
envier, comme représailles contre le vaincu, à 1870.

____

(1) *Sedan pendant la guerre et l'occupation 1870-71.*

Quelques historiens, sans rechercher les causes du fait, ont beaucoup admiré la conduite du vainqueur dans certaines villes, parce qu'il n'a pas mis à feu et à sang ce qui lui avait opposé une résistance ; à Sedan, on l'acclama lorsqu'il fit son entrée ; cette générosité, qu'on ne l'oublie pas, était nécessaire pour assurer à l'ennemi les moyens de vivre et de ravitailler ses autres corps de troupes.

Si la ville fut épargnée en général, en particulier elle souffrit beaucoup. Les soldats exigèrent de leurs hôtes, ce que ceux-ci étaient dans l'impossibilité matérielle de leur donner. Le refus était généralement accueilli par des voies de faits, des fouilles dans la maison, qui, en fait, était un véritable pillage.

En présence de cette attitude des alliés, la Municipalité, saisie de nombreuses plaintes, se mit en relations avec l'autorité militaire. Après une série de suppliques à laquelle cette dernière ne répondait même pas, de nouvelles démarches de M. Huet de Guerville, alors maire provisoire, reçurent une satisfaction. Le 1er juillet 1815, le général Hacke fixait dans l'ordre du jour suivant les rations des vivres et des fourrages qui devaient être accordées aux hommes et aux chevaux, soit par les soins de la Municipalité, soit par les habitants.

Ordre concernant les subsistances des troupes.

Pour éviter tous les difficultés entre les militaires et les bourgeois sur la quantité et la qualité des rations, il est décidé par moi, général en chef de l'armée du nord de l'Allemagne :

1° La ration de vivres pour les troupes casernées est comme à l'ordinaire et sera distribuée sous la direction des guerres.

2° Les sous-officiers et soldats logés chez les bourgeois ne doivent exiger de leurs hôtes, outre deux livres de pain par jour, que :

Pour le déjeuner : la soupe ou du pain et du beurre et 1/10ᵐᵉ de litre d'eau-de-vie.

Pour le dîner : la soupe un plat de légumes, une demi-livre de viande et une bouteille de bière.

Pour le souper : la soupe ou un plat quelconque et une bouteille de bière.

3° Les rations de fourrages seront distribuées sous la direction des administrations civiles et d'après les compositions suivantes :

A. La grande ration de guerre est composée de 3 livres de foin, 4 livres de paille et 3 mesures 3/4 d'avoine ;

Ou en poids de marc : 3 livres de foin, 4 livres de paille et 12 litres d'avoine ou 1 boisseau 1/3.

B. La ration légère de guerre est composée de 3 livres de foin, 4 livres de paille, 3 mesures 1/3 d'avoine ;

Ou en poids de marc : 3 livres de foin, 4 livres de paille, 10 livres 2/3 ou 1 boisseau 1/4 d'avoine.

Les habitants sont obligés de nourrir les soldats logés chez eux d'après le tarif indiqué. Ce qu'ils feront de plus sera de bon gré. Le soldat n'aura pas le droit d'exiger davantage.

Toute plainte des habitants contre leurs soldats sera portée au commandant de la place. Le soldat s'adressera directement à son chef. Il lui est expressément défendu, sous peine d'être puni d'après les lois de la guerre, de se rendre justice lui-même.

Les officiers, commandant les troupes dans les divers cantonnements sont obligés de donner des bons pour tout ce qu'on leur fournira en vivres et en fourrages.

Donné dans mon quartier général de Sedan, le 1er juillet 1815.

Le général en chef
de l'armée du nord de l'Allemagne,
Signé : Hacke.

Par le général en chef,
Le colonel, chef de l'état-major,
Signé : Witzleben.

***

Cette réglementation était bien nécessaire en présence des exigences des alliés, exigences qui allèrent toujours, ainsi qu'on le verra, en augmentant. Pour assurer le ravitaillement des troupes employées au siège de Mézières, le général Hacke fit installer un parc central à Flize. Le 2 juillet, un ordre de cet officier général fixait aux quantités suivantes, ce qui devait être fourni chaque jour, pour assurer la nourriture tant à Sedan qu'à Flize. Le document comporte :

	Magasin de Flize.	Magasin de Sedan.
Pain......	12,000 rations.	3,950 rations.
Viande....	12,000 »	3,950 »
Légumes..	12,000 »	3,950 »
Eau-de-vie.	12,000 »	3,950 »

	Magasin de Flize.	Magasin de Sedan.
Vin.......	4,000 rations.	3,950 rations.
Sel.......	12,000 »	3,950 »
Avoine....	1,300 »	980 »
Foin......	1,300 »	980 »
Paille.....	1,300 »	980 »

Le 4 juillet, une nouvelle réquisition frappait encore non seulement l'arrondissement de Sedan, mais aussi celui de Vouziers.

Le premier devait fournir :

    563 sacs de froment.
    219 sacs de seigle.
    495 sacs d'orge.
 19,240 litres d'eau-de-vie.
  8,020 kilos de sel.
41,200 litres de bière.
  6,090 litres de vin.
15,000 aunes de draps.

Le second :

 1,000 sacs de blé.
 1,500 sacs d'avoine.
  112 sacs d'orge.
  150 bœufs ou vaches du poids minimum de
     150 kilos.
 9,400 litres d'eau-de-vie.
 2,250 kilos de sel.

La réquisition indiquait que ces objets destinés, partie au magasin de Flize, partie à celui de Sedan, devaient y être rendus, la première moitié sans délai, la seconde dans un délai de huit jours, sous peine « que les communes qui n'y obtempéreraient pas, s'exposeraient à une exécution militaire. »

Dès la réception de cette réquisition, le préfet provisoire du département, M. Husson (1), convoqua les maires de l'arrondissement de Sedan à la sous-préfecture, le 9 juillet ; un travail de répartition fut fait en présence de deux commissaires prussiens. Dans l'arrondissement de Vouziers, la même opération eût également lieu.

Chacun était à la besogne, cherchant à résoudre les problèmes d'une situation difficile, afin d'épargner aux malheureuses populations, les terribles représailles dont ne manquerait pas de les frapper le vainqueur, quand le 6 juillet, arrivait l'ordre suivant que nous reproduisons sans en retirer un mot :

« Les besoins journaliers des troupes cantonnées près de Mézières et de Sedan dont les deux tiers doivent être réunis près de Mézières et l'autre tiers près de Sedan consistent :

« Article 1ᵉʳ : Provisions de bouche.

« 1° 38,000 livres de pain ou 28,500 livres de farine, ou 18,000 livres de biscuit.

« 2° 9,800 livres de viande sur pieds.

« 3° 9,500 livres de légumes et à ce défaut de l'orge, des pois, des lentilles, des fèves ou de la farine de ménage, en gruau seulement 4,750 livres, en riz 3,562.

« 4° 1,187 demi-livres de sel.

« 5° 2,533 demi-litres d'eau-de-vie pour déjeuner.

---

(1) M. Husson, à qui incomba la lourde tâche d'administrer le département des Ardennes pendant la période la plus difficile, est le grand-père de M. Marc Husson, notre compatriote sedanais.

« 6° 2,533 demi-litres d'eau-de-vie pour le jour ou bien en place 38,000 bouteilles en litres de bière de bonne qualité.

« *Article 2 : Fourrages.*

« 1° 2,191 demi-boisseaux d'avoine.

« 2° 6,600 livres de foin.

« 3° 8,800 livres de paille.

« *Article 3 : Pour le bivouac près Mézières.*

« Une provision de 50,000 livres de paille.

« Au quartier général de Sedan, le 5 juillet 1815.

« Signé : Hacke. »

Si ce n'était pas une réquisition, c'était la notification de la peine à laquelle nous étions condamnés pour avoir résisté à l'envahisseur, qui ne tenait pas compte dans son verdict, qu'on avait oublié à Sedan, de le recevoir avec les honneurs dus à sa personne ; les hurrahs frénétiques du 27 juin ne trouvèrent pas un écho dans son cœur ; il fallait qu'il frappe, il frappait. Si ces coups étaient durs, les véritables patriotes les supportaient sans se plaindre, mais ceux qui se plaignirent le plus, ainsi que le constate des documents déposés aux archives municipales de Sedan et aux archives départementales de Mézières, ce furent ceux-là qui avaient crié bien haut : « Vivent les alliés ; » si nous ne publions pas les noms c'est que certaines familles, ayant payé dignement de leur personne et de leur fortune en 1870, ont ainsi racheté une faute, dont elles ne sont pas du reste responsables.

Le 8 juillet, une réquisition de 12,000 paires de chaussures fut envoyée à la Mairie.

** **

Avant de poursuivre plus loin le récit des représailles ennemies, nous devons faire connaître les mesures administratives qui furent prises par l'autorité militaire des alliés et qui sont résumées dans l'ordre du jour suivant :

Ordre du jour du Général en chef de l'armée du Nord de l'Allemagne.

J'ai déjà fait connaître, par ma proclamation du 2 de ce mois, l'esprit qui doit régner parmi les troupes que je commande, ainsi que parmi les autorités et les habitants du pays.

Je viens de recevoir un ordre du jour du quartier-général des Hautes-Puissances alliées, qui ne fait que confirmer ce que j'ai déjà dit.

Je le transmets ci-après littéralement, en y ajoutant seulement, que j'espère de la bonne volonté des autorités, qu'elles ne négligeront rien pour assurer le bien-être et la subsistance de mes troupes ; de mon côté, je prendrai tous les moyens possibles pour protéger les habitants et maintenir dans l'armée qui est sous mes ordres, la discipline la plus sévère.

Afin que le public puisse prendre une connaissance parfaite de cet ordre et s'y conformer, il sera publié en allemand et en français.

*Le général en chef
de l'armée du nord de l'Allemagne,*
Hacke.

Ordre du jour.

En entrant en France, nous avons annoncé, par une adresse au peuple français, que les armées alliées protégeraient le paisible citoyen, et qu'elles ne combattraient que les soldats de Bonaparte ; qu'elles traiteraient en amies les provinces qui se prononceraient contre lui, et qu'elles ne connaîtraient d'autres ennemis que ceux qui soutiendraient sa cause.

Le ciel a confondu sa criminelle entreprise, l'apparition de Bonaparte en France, a coûté à la nation 60,000 de ses enfants dignes de périr pour la défense d'une meilleure cause ; il a perdu, en un seul jour, tout le matériel de l'armée ; il a dépensé, pour satisfaire à son insatiable ambition, le reste de la fortune publique ; c'est lui qui a appelé sur la France les malheurs et les charges inséparables de la présence d'immenses armées étrangères, en fuyant le sol sur lequel il a immolé tant de victimes ; il cherche maintenant à se soustraire au juste ressentiment de l'Europe et de la France.

La guerre qu'il a provoquée va trouver son terme.

Nous sommes en droit d'attendre que les habitants des départements occupés par les armées alliées auront soin de diminuer par le maintien du repos public et par l'exacte prestation des fournitures indispensables pour l'entretien des armées, les charges momentanées qui pèsent sur eux.

Vu la nécessité de pourvoir à cet effet aux mesures les plus actives, afin que le paisible

citoyen soit protégé, que le service de l'armée soit
assuré, et qu'une juste sévérité réprime les excès
que pourraient se permettre des individus égarés
par un aveugle esprit de parti, ou séduits par
l'appât que le pillage offre aux ennemis de l'ordre
public, nous ordonnons ce qui suit :

1° Les chefs des corps d'armées et les généraux
veilleront au maintien le plus sévère de la discipline parmi leurs troupes. Tout contrevenant aux
règlements militaires, sera puni selon les rigueurs
des lois.

2° Les réquisitions seront faites avec ordre.

Les commissaires auront soin de délivrer des
reçus aux communes pour les prestations de tout
genre.

3° Celui qui sera chargé de recevoir ces réquisitions, en délivrera une *quittance* dans les formes
prescrites.

Comme il est juste que les paisibles citoyens
des départements qui supportent le plus de charges
pour la défense d'une cause commune à toute la
France, ne soient pas les seuls à les supporter, les
souverains alliés, en comptant sur l'équité du
gouvernement français, s'interposeront afin qu'à
l'époque de la paix, les charges soient reconnues
par ce gouvernement et réparties d'après une
juste échelle de proportion, sur la totalité de la
France.

4° Une juste sévérité n'étant pas moins indispensable pour réprimer les tentatives des ennemis
de l'ordre public, il est enjoint à tous les individus
composant les corps francs et les levées dans les
campagnes, de déposer immédiatement les armes.

Il sera nommé dans tous les chefs-lieux de canton des individus chargés de recevoir ces armes.

5° Les habitants des villes et des communes sont appelés à retourner dans leurs foyers, dans l'espace de trois jours ; les préfets, sous-préfets et maires sont tenus, sous leur responsabilité personnelle, d'établir une liste exacte des absents, et de justifier les motifs légaux de leur absence. Les charges qui pèsent sur les communes, seront particulièrement réparties sur les absents sans causes légales, une juste indemnité sera assignée à leur charge aux citoyens paisibles.

6° Tout citoyen habitant des villes ou des campagnes n'appartenant pas à un corps régulier, pris les armes à la main, se qualifiant même de partisan ou de soldat de soi-disant corps-franc, sera regardé comme perturbateur du repos public, et fusillé sur-le-champ.

7° Les villes et les villages où les habitants prendront les armes pour leur défense, seront réduits en cendres. Les maisons particulières qui ne seront point occupées par des troupes réglées, et d'où il sera tiré un coup de fusil, seront rasées, et leurs habitants pris en ôtage jusqu'à ce qu'on ait livré les coupables.

8° Les communes sont rendues reponsables des excès commis chez elles ou dans leurs arrondissements par les habitants du pays ; elles payeront pour chaque courrier intercepté ou soldat assassiné une amende de dix mille francs. En conséquence, tous les chefs des communes auront soin de faire escorter les courriers d'un poste à l'autre et de veiller à leur sûreté ; les individus qui seront désignés à servir d'escorte se feront délivrer, pour leur propre décharge, des certificats sur la remise des voyageurs qui leur auront été confiés, et ces certificats seront de suite envoyés à l'autorité militaire la plus voisine.

9° Cette mesure s'étend également aux convois de vivres et de munitions ; l'amende à payer par les communes sera haussée en proportion du dommage qui aura été causé par la privation de ces objets.

10° Des colonnes mobiles se mettront en marche, dès ce jour, pour parcourir le pays dans tous les sens et veiller à l'exécution des mesures ordonnées.

11° Le présent ordre du jour sera imprimé, rendu public et affiché à l'entrée de chaque commune.

Pour copie conforme,
Le général en chef
de l'armée du nord de l'Allemagne,
HACKE.

Pour copie conforme,
Le Préfet,
HUSSON.

Par ordre de M. le Préfet,
Le Secrétaire général,
FOURIER.

Cette proclamation ne fut pas le seul mot d'ordre de persécutions. Le 15 juillet, de nouvelles mesures furent encore prises. Le général Hacke envoya au Préfet, avec ordre de le faire imprimer à 1,200 exemplaires, l'ordre du jour suivant :

« Par ma proclamation du 2 juillet et par l'ordre
du jour des hautes puissances alliées, les communes
seront tenues de déposer leurs armes dans l'espace
de deux jours au chef-lieu de chaque arrondissement.

« Il ne m'a point encore été fait de rapport à ce
sujet par les officiers qui commandent.

« En conséquence, je demande qu'il m'en soit
fait un le plus tôt possible.

« Il est aussi expressément ordonné aux officiers
commandant dans les villes, chefs-lieux d'arrondissement, de faire de suite, de concert avec le
commissaire nommé par M. le Sous-Préfet, une
recherche scrupuleuse des armes et munitions qui
peuvent se trouver encore dans les communes.

« Dans ces endroits où il en sera trouvé, le
Maire pour avoir négligé de les remettre sera
arrêté et conduit ici.

« Signé : Hacke. »

Toutes ces mesures atroces restant lettres mor-
tes, la colère du général n'eût plus de bornes.
Deux jours après, la proclamation suivante mettait
le comble à la brutalité du Teuton :

« En exécution de mon ordre du jour du 2 juillet
par lequel il est ordonné à toutes les gardes nationales mobiles et aux individus faisant partie des
corps francs de rentrer sous trois jours dans leurs
foyers, et d'après l'ordre du jour des puissances
alliées, article 5 : les maires sont obligés, et cela
sous leur responsabilité personnelle, de faire des
listes exactes de toutes les personnes qui se trouvent absentes et le motif de leur absence, afin que

7

les charges qui pèsent sur les communes soient réparties de préférence sur ceux qui se sont absentés sans y être autorisés dans les règles, considérant enfin que toutes les communes des arrondissements occupés par mes troupes doivent avoir connaissance de cet ordre, j'ordonne ce qui suit :

« Article 1er. — Les maires feront mettre sur-le-champ le sequestre sur les propriétés des gardes nationales mobiles, des individus faisant partie des compagnies franches et de toutes les personnes qui ont abandonné leurs maisons sans raisons légitimes bien constatées.

« Art. 2. — Les listes nominatives de ces individus seront envoyées dans les deux jours qui suivront la réception de cet ordre à MM. les Sous-Préfets qui en feront un relevé, qu'ils enverront sans délai à M. le Préfet provisoire pour ce qui regarde le département des Ardennes et directement au quartier général pour le département de la Meuse.

« Art. 3. — Les propriétés des individus comprises dans l'article 1er seront vendues publiquement et le produit sera employé pour soulager les habitants bien pensants des frais de la guerre et des réquisitions dont ils auront été chargés.

« Art. 4. — Les Sous-Préfets sont chargés de la prompte exécution de cette mesure et d'en faire leurs rapports suivant l'article 2, au Préfet ou à moi.

« Art. 5. — Le Préfet, de son côté, m'enverra un rapport général de ceux qui lui auront été remis par les Sous-Préfets.

« Art. 6. — Tous les commandements des troupes sous mes ordres sont autorisés à prêter le secours militaire partout où il sera nécessaire, des colonnes mobiles se mettront en marche et s'entendront avec les commissaires nommés par les Sous-Préfets pour faire les recherches nécessaires et faire arrêter les Maires dont les listes ne seraient pas trouvées justes.

« Donné à notre quartier général de Sedan, le 17 juillet 1815.

« Le général en chef
de l'armée du Nord de l'Allemagne,
« Signé : HACKE.

« Par le général en chef,

« Le colonel chef de l'Etat-major,
« Signé : VITZLEBEN. »

Pendant que l'ennemi prenait toutes ces dispositions, le Gouvernement de la France changeait de maître.

Rentrée de Louis XVIII à Paris.

Nous n'avons pas à raconter les évènements qui s'accomplirent à Paris après Waterloo, ces pages ressortissant de l'histoire générale des évènements de 1815. Aussitôt l'abdication de Napoléon Ier, une odieuse trame entre la famille des Bourbons exilée, et Fouché, président du gouvernement provisoire, d'accord avec Wellington et Blücher, ramena Louis XVIII en France. Il nous faut parler, en ce qui concerne la ville de Sedan, de ce qui fut fait à l'occasion de ce retour.

Le 7 juillet, le général Hacke adressait à M. Husson la lettre suivante :

« Je viens de recevoir du quartier général des hautes puissances alliées une proclamation du Roi de France ; je m'empresse de vous la transmettre afin que vous la fassiez imprimer à un nombre assez considérable pour qu'elle puisse être publiée dans tout le département. Je vous invite à en faire parvenir aux différents commandants de place, afin qu'ils puissent se convaincre des intentions de Sa Majesté et qu'ils sentent combien leur conduite serait criminelle s'ils persévéraient plus longtemps à se défendre.

« Le peu d'égards que ces Messieurs m'ont témoigné ne me permet pas d'avoir de relations avec eux. »

La proclamation n'était autre que l'affirmation par Louis XVIII de son infamie, d'accepter à l'heure où la France était déchirée, meurtrie par la plus formidable coalition, l'appui de ceux-là qui voulaient faire disparaître à jamais notre chère patrie de la carte d'Europe. Et pour mettre le comble à son indigne manœuvre, c'était l'ennemi qui devait annoncer officiellement aux populations « que les puissants efforts de nos alliés ont dissipé les satellites du tyran. » Ce document appartient à l'histoire, le commenter serait nous écarter de notre cadre, nous préférons le publier :

« Louis, par la grâce de Dieu, Roi de France et de Navarre, à tous nos fidèles sujets, salut :

« Dès l'époque où la plus criminelle des entreprises secondée par la plus inconcevable défection, nous a contraints à quitter momentanément notre royaume, nous vous avons avertis des dangers qui nous menaçaient, si vous ne vous hâtiez de secouer le joug d'un tyran usurpateur. Nous n'avons pas voulu ouvrir nos bras ni ceux de notre famille aux instruments dont la Providence s'est servie pour punir la trahison. Mais aujourd'hui, *que les puissants efforts de nos alliés ont dissipé les satellites du tyran,* nous nous hâtons de rentrer dans nos états pour y rétablir la constitution que nous avions donnée à la France, réparer par tous les moyens qui sont en notre pouvoir les maux de la révolte et de la guerre, qui en a été la suite nécessaire, récompenser les bons, mettre en exécution les lois existantes contre les coupables, enfin pour appeler autour de notre trône paternel l'immense majorité des Français, dont la fidélité, le courage et le dévouement ont porté de si douces consolations dans notre cœur.

« Donné au Cateau-Cambrésis, le 25ᵉ jour du mois de juin de l'an de grâce mil huit cent quinze, et de notre règne le 21ᵉ.

« Signé : Louis.

« Par le Roi :
« *Le Ministre secrétaire d'État de la guerre,*
« Duc de Feltre. »

De son côté, le Ministre de la guerre écrivait le 15 juillet 1815, la lettre suivante au général Dumonceau, commandant la 2ᵉ division militaire à Mézières.

Ordre du Ministre de la Guerre au Général Dumonceau,
à Mézières.

« Paris, le 15 juillet 1815.

« Monsieur le Général,

« J'envoie directement l'ordre au Commandant de Mézières et de Sedan de faire reconnaître l'autorité du Roi et de faire arborer le drapeau blanc ; vous seconderez de tout votre pouvoir le mouvement à donner à l'esprit public ; c'est en se ralliant franchement autour du gouvernement que l'on peut sauver la France. Il faut tâcher de garder dans les places assez de troupes pour les défendre et ne licencier par conséquent que les gardes nationales et les corps francs les plus turbulents. Vous enverrez un officier à Paris porter votre soumission au Roi, il pourra me donner tous les détails relatifs à la division que vous commandez. »

On sait comment les braves défenseurs du Château accueillirent cet ordre. L'administration municipale s'empressa de rédiger l'adresse suivante qu'elle envoya à Paris le 19 juillet :

« Sire,

« Tous les sentiments que peuvent faire éprouver à de tendres enfants, leur séparation d'avec un père chéri et son heureux retour au milieu d'eux, vos fidèles Sedanais les ont éprouvés pour Votre Majesté, nos larmes vous ont accompagné au-delà des frontières. La nouvelle de votre retour a comblé nos vœux et notre joie.

« Votre présence va ramener parmi nous le retour dont nous jouissions avant ces derniers désastres ; votre administration paternelle s'empressera de cicatriser les plaies énormes qui affligent notre malheureuse Patrie ; les Français vous seconderont de tout leur pouvoir dans cette tâche difficile et notre amour tâchera d'acquitter la dette de la reconnaissance.

« Vive le Roi ! »

On criait « vive le Roi » comme on avait crié « vivent les Alliés, » par crainte du despotisme.

*
* *

Nous ne poursuivrons pas au delà de ce que nous en avons dit le récit des événements politiques qui suivirent le rétablissement de Louis XVIII sur le trône.

On se souvient que, le 8 juillet, une réquisition de 12,000 paires de chaussures frappa la ville. Sa fourniture donna lieu à des réclamations fort justes. Où aller chercher le cuir et les ouvriers ?

A la suite d'une réunion du Conseil municipal et des notables adjoints à ce Conseil (1), une délégation fut envoyée au quartier général, et après bien des pourparlers elle obtint, le 12 juillet, que la réquisition réduite à 4,650 paires, dont 650 paires de bottes, serait fournie et livrée dans la place de Sedan d'après la répartition suivante :

	Bottes.	Souliers.
Sedan.......	400 (paires).	1,500 (paires).
Charleville...	100	1,900
Vouziers.....	50	300
Rethel.......	100	300

Cette réduction faite sur un point, n'était pas à

(1) Nous en avons donné la liste page 48.

la convenance de l'autorité militaire ; celle-ci n'avait cédé que devant l'impossibilité matérielle, mais elle s'était promise de se rattraper sur autre chose. Le 14 juillet, M. Husson recevait la sommation suivante :

« La solde étant due aux troupes, j'avais donné au général de brigade, M. le baron d'Egloístein, une assignation de 10,000 francs payable sur les caisses publiques à Charleville et de l'arrondissement.

« D'après la lettre ci-jointe de M. le sous-préfet de Rémont à Charleville, les caisses de son arrondissement se trouvent cependant hors d'état d'effectuer ce paiement qui ne peut être différé.

« Comme j'ai besoin en outre de sommes considérables pour le paiement des troupes qui, d'après les ordres récemment reçus du grand quartier général, doit être porté par le pays, et n'ayant pas à mes dispositions les fonds nécessaires, je vous invite, Monsieur le Préfet, de frapper de suite sous le nom de frais de guerre :

« Une contribution de 100,000 (cent mille francs) qui, à dater d'aujourd'hui, doivent être versés dans trois jours dans la caisse militaire centrale de mon corps d'armée.

« Ces dispositions sont irrévocables et je vous préviens qu'aucune réclamation ne pourrait point être admise à cet égard. Je vous invite en conséquence de faire la répartition sur votre département. D'après les ordres que j'ai reçus, je serai forcé de prendre des ôtages qui garantissent le payement de la susdite somme, s'il n'est point effectué au terme prescrit.

« J'espère, Monsieur, que vous voudrez bien prendre des mesures pour m'épargner des procédés dont je ne pourrais pas me dispenser, et auxquels je me verrais obligé cependant bien malgré moi.

«Au quartier général, à Sedan, le 14 juillet 1815.

« Signé : HACKE. »

***

Jusqu'alors nous n'avions été frappés que de réquisitions concernant les vivres. Les immenses fabriques de notre ville chatouillèrent les appétits des vainqueurs. Le 16 juillet, M. le Préfet recevait la réquisition suivante :

Etat général des effets d'équipement à fournir par le Département des Ardennes aux troupes qui composent l'armée du nord de l'Allemagne.

16 Juillet 1815.

Drap pour l'équipement des officiers.

Drap bleu..................aunes.		1,562
Drap bleu d'azur............	»	81
Drap vert foncé.............	»	399
Drap rouge.................	»	529
Drap jaune ou blanc.........	»	94
Drap gris..................	»	3,816
Etoffe noire...............	»	673

Drap pour l'équipement des sous-officiers et soldats.

Drap bleu..................aunes.		29,352
Drap bleu d'azur............	»	3,960
Drap vert foncé.............	»	11,230
Tricot gris pour les manteaux..	»	88,505
Drap gris pour les pantalons...	»	38,637
Drap rouge.................	»	15,632

Drap jaune et blanc . . . . .aunes.   3,200
Drap noir pour les guêtres. . . .   »   12,660
   Id.   pour les cravates. . . .   »   2,351
Linge pour des chemises. . . . . .   »   94,694
Couverture de tzakos (pièces des
couvertures. . . . .   »   18,600
Souliers. .paires.   11,061
Bottes. . . . .   »   1,680
Peaux. . . . . .pièces.   3,060

Fait à Sedan, le 16 juillet 1815, par nous, commissaire ordonnateur faisant fonction d'intendant des provinces occupées.

Signé : DE HEIN.

Cet état était accompagné d'une lettre de laquelle nous extrayons les passages suivants :

« Tous ces effets doivent être mis le plus tôt possible à ma disposition ; cependant la voie de la répartition en nature ne me parait point préférable, elle nous éloigne plus de notre but qu'elle y conduit.

« Pour avoir une garantie que l'on s'occupe sérieusement d'une fourniture sur laquelle l'armée a les droits les plus fondés, S. E. le général en chef a ordonné au commandant de la Place à planter des factionnaires devant les magasins des premiers fabricants de drap de cette ville. Elle a ordonné en outre qu'une quantité de draps fins égale à celle que nous venons vous demander en drap fin et ordinaire, sera déposée à la maison de la Ville, ou aux greniers des casernes de Torcy pour être rendu aux propriétaires au fur et à mesure que la fourniture pour l'armée s'effectuera. »

Cette fourniture fut répartie entre les fabricants suivants :

MM. Louis Poupart et Cie, Béchet et Cie, Le Gardeur et Poncelet, Jean La Bauche père et fils, Huet de Guerville et fils, Ch. Bruyère et Cie, N. Raulin père et fils, Devillas Béchet et fils, Rivet, Chréange aîné, Bernard Gillet et fils, Rousseau et fils, Bacot père et fils, Laval-Raulin, Louis Labauche et fils, Bruyère J^{ne} et Le Comte, Henry Vautier et Mozet, Bourgeois père et fils, Peignois et Cie, J.-B. Huppin, Colin Bertin, Beaujot et Bridier frères.

Lorsque cette réquisition, évaluée à 1,600,000 francs, parvint à la Sous-Préfecture, M. le Préfet prit, le 19 juillet, un arrêté, portant que chaque arrondissement payerait une somme de 320,000 francs pour le contingent dans cette réquisition.

De son côté, l'intendant général de l'armée du Nord, pour assurer l'exécution de sa réquisition, nomma, le 20 juillet, une Commission de cinq membres composée de MM. Chayaux, Durotois, Poupart l'aîné, Gaudin et Gabriel Legardeur, qui devait traiter au nom de la ville, avec les fabricants de drap pour la fourniture, et aussi pour rechercher ce qui pouvait convenir dans Sedan pour l'habillement des soldats. M. Husson, jugeant que ces cinq citoyens étaient insuffisants pour accomplir une tâche aussi difficile, leur adjoignit, d'accord avec les autorités ennemies, trois autres fabricants, dont nous regrettons d'ignorer les noms.

Le 19 juillet, le génie militaire, après avoir exécuté une reconnaissance des routes, fit ordonner par voie de réquisition, la réparation du chemin qui conduisait de St-Menges à St-Laurent. La portion comprise entre St-Menges et le bois du Sugnon fut affectée aux communes de Floing, St-Menges, Iges, Fleigneux, Illy et Givonne ; la traversée du Sugnon à la commune de Bosséval ; de la sortie du bois à Tendrecourt, aux habitants de Vrigne-aux-Bois ; le territoire de Vrigne-aux-Bois, aux communes du Dancourt, Montimont et Maraucourt ; du ban de Vivier-au-Court, à celui de Lumes, à Villers, Tendrecourt et Lumes, et enfin, du Vivier-Guyon à Villers, à Issancourt et Rumel.

Le 20 juillet, un ordre est donné de faire établir à Flize, Donchery et lieux voisins, les fours nécessaires pour la cuisson journalière du pain pour 20,000 hommes.

Le 22 juillet, M. le Préfet recevait l'avis que par suite de modifications dans les dispositions prises pour l'attaque de Mézières, les emplacements des troupes allaient aussi subir des modifications et qu'à compter du lendemain 23, il devrait se trouver aux magasins de Flize 12,000 rations de vivres et 1,200 de fourrages qui forment les quantités suivantes :

1° 24,000 livres de pain.

2° 12,000 livres de viande.

3° 6,000 livres de légumes en pois, fèves, lentilles ou farine de froment. Si ce paragraphe ne peut être fourni dans les natures indiquées, on y substituera 12,000 livres de pommes de terre ou navets, ou 3,000 livres de gruau, ou 2,550 livres de riz.

4° 750 livres de sel.

5° 2,400 litres d'eau-de-vie.

6° 12,000 litres de bière ou 2,400 litres de vin.

7° 780 livres de foin.

8° 4,800 livres de paille.

9° 14,400 livres d'avoine, dont 1/6 en orge égrué.

Le magasin de Sedan devait recevoir également à cette date 6,000 rations de vivres et 600 de fourrages.

Le pain ne devait être confectionné que sur des ordres ultérieurs; mais on devait ne pas confondre cette lettre avec celle qui prescrivait la création des nouvelles boulangeries, et, en conséquence, prendre des mesures pour répondre aux demandes dès qu'elles se produiraient.

De telles exigences, que celles que nous venons de faire connaître, suffisaient ce nous semble pour démontrer incontestablement que l'adversaire qui se montrait si bienveillant à l'égard de notre cité en ne la livrant pas au pillage dès son entrée, cachait, sous un masque hypocrite, l'espoir de trouver un moment propice où il pourrait jeter le comble dans son œuvre dévastatrice. Cette hypocrisie est trop flagrante, pour que nous ne le proclamions pas hautement, que nous ne devons aucune reconnaissance à ceux qui, comme nous le verrons plus tard, revendiquent pour eux le titre de civilisateurs.

La réquisition du 14 juillet qui frappait le département d'une contribution de 100,000 francs en

espèces, ayant été divisée entre chaque arrondissement, le malheur voulut que celui de Sedan,
déchiré chaque jour par les prétentions de l'envahisseur, ne put fournir entièrement son contingent.
Le 22 juillet, le général Hacke adressait au maire
l'ordre du jour suivant, pour le faire placarder en
ville :

« L'arrondissement de Charleville, et même
ceux de Vouziers et de Rethel, quoiqu'ils aient été
occupés par les Russes, ont déjà fourni en grande
partie les réquisitions qui leur ont été demandées,
tant en argent qu'en bottes, souliers, etc.

« L'arrondissement de Sedan, quoique le plus
riche, est le seul qui soit en arrière. Il y a déjà
longtemps que j'ai demandé qu'il soit versé dans
la caisse militaire une somme de 32,000 francs ;
il vient seulement d'en être acquitté une partie
aujourd'hui.

« En conséquence, je préviens les habitants qu'à
commencer de ce jour, j'emploirai la force militaire
pour faire rentrer les réquisitions qui n'ont pas
encore été fournies, et j'ordonnerai que ceux qui
sont en retard soient doublés.

Le général en chef
de l'armée du nord de l'Allemagne,
« Signé : HACKE. »

*
* *

Trouvant probablement qu'il ne faut jamais
rien remettre, de ce qui peut être fait aujourd'hui,
au lendemain, quelques instants après cet ordre,
la lettre suivante arrivait à M. Husson :

« Quartier général de Sedan, le 22 juillet 1815.

« Intendance de l'armée combinée du Nord
de l'Allemagne,

« A Monsieur Husson, préfet provisoire
à Sedan,

« Pendant que les arrondissements de Vouziers
et de Charleville ont acquitté leurs contingents en
numéraire pour compléter la somme de 100,000 fr.
qui, par ordre de S. Exc. le général en chef en
date du 14 juillet, doivent être frappés sur le
département sous le nom de frais de guerre, pour
payer la solde due aux troupes, et versés dans
trois jours dans la caisse centrale, l'arrondissement
de Sedan, qui est le plus riche en numéraire du
département, se trouve en retard avec 12,000 fr.

« S. Exc. pour punir cette désobéissance contre
ses ordres très positives vient d'ordonner que
l'arrondissement paye le double du restant et
qu'ainsi 24,000 francs (vingt-quatre mille francs)
soient versés dans la caisse centrale dans l'espace
de 24 heures.

« Je vous invite, Monsieur, de prendre de suite
vos mesures en conséquence, faute de quoi, je ne
pourrais me dispenser de prendre les mesures les
plus rigoureuses, et vous éprouveriez encore le
doublement de cette somme.

« Signé : LOEST. »

Au bas de l'original de cette lettre, déposée aux
archives communales de Sedan, se trouve la
mention suivante :

Vu et authorisé de ma part : HACKE.

Ces menaces jetèrent l'administration municipale dans une profonde anxiété, une réunion fut immédiatement provoquée à laquelle assista M. le receveur particulier. Il y avait en caisse une somme de 12,000 francs disponible, immédiatement on l'offrit. Le jour même la proposition, restée sans réponse, avait laissé naître un bien vague espoir, il est vrai, d'obtenir une prolongation pour le délai du paiement. Mais le lendemain, 23 juillet, le préfet transmettait à la municipalité la lettre suivante, qu'il venait de recevoir, et qui détruisait toute croyance en la générosité du vainqueur.

« Monsieur,

« D'après la lettre d'hier de M. le receveur particulier que j'ai eu l'honneur de communiquer à S. Ex. le général en chef, le receveur annonçait qu'il avait dans sa caisse 12,000 francs prêts à être délivrés, restant des 32,000 francs requis sur l'arrondissement de Sedan. Cette somme avait été doublée par S. E. et formait donc un contingent de 24,000 francs dont il reste encore 12,000 francs à payer. Je vous invite à avertir M. le receveur que ce surplus doit être fourni dans 3 ou 4 heures au plus, sans quoi elle serait encore doublée. Je vous avertis que la volonté de S. E. à cet égard est irrévocable.

« Pour M. l'ordonnateur en chef,

« Le chef de bureau,

« Signé : Alberti. »

Il serait à croire que le jour où les alliés connaissaient la misère dans laquelle nous étions plongés, ils en profitaient pour assombrir encore le tableau de leur présence parmi nous. Ce jour-là, 23 juillet, ce fut une série de réquisitions ; la première nous réclamait 100 pièces d'eau-de-vie qui devaient être transportées dans les 24 heures au magasin de Flize ; par la seconde, les boulangers devaient fournir en trois jours, 90,000 kilos de pain, soit 30,000 kilos par jour outre la manutention ordinaire.

Une heure après la réception de cet ordre, 54 soldats commandés par deux officiers, se présentèrent au domicile de M. le Sous-Préfet porteur d'une consigne que devait assurer ce fonctionnaire, en faisant placer deux soldats à la porte de chaque boulanger. Ces hommes veilleraient à ce qu'aucun pain ne soit distribué à la population civile, qu'autant que la quantité, assignée à chacun dés boulangers par la réquisition, fut exécutée.

Une troisième réquisition, que nous reproduisons *in extenso,* par suite de sa destination, signée par le major de Bardelehen, commandant en chef l'artillerie du blocus devant Mézières, et dont le domicile à Sedan était rue de l'Horloge, 481, fut remise à M. Husson.

La voici dans toute sa teneur :

11,793 aunes de toile dont :

    4,000 par Vouziers,

    4,000 par Rethel,

    3,973 par Sedan.

235 écheveaux de fil à coudre, par Sedan.

645 livres de ficelle moyenne d'une ligne de circonférence, par Sedan.

100 toises de ruban de chanvre, la toise de 6 pieds, par Sedan.

220 rames de papier commun dont :

50 par Sedan,
50 par Vouziers,
50 par Rethel,
50 par Charleville.

300 aunes de gros linge, par Charleville.

146 aunes de coton filé à la grosseur d'une demi-ligne, par Sedan.

10 quintaux de poix résine, par Charleville.

60 litres de thérébentine, par Sedan.

120 livres de cire jaune dont :

30 par Sedan,
30 par Charleville,
30 par Vouziers,
30 par Rethel.

7 quintaux de chanvre, par Sedan.

20 livres de colle forte, par Sedan.

20 pintes d'huile de lin.

402 quarts d'eau-de-vie ou 80 bouteilles, par Charleville.

300 aunes d'étoffes grossières de laine ou autre objet pour couvrir le plancher des laboratoires où 'on fait les artifices.

3,000 livres de salpêtre dont :

750 par Charleville,
750 par Sedan,
750 par Vouziers,
750 par Rethel.

3,000 livres de soufre dont :

750 par Charleville,
750 par Sedan,

750 par Rethel,

750 par Vouziers.

6 grands câbles de 36 pieds de long, de 1 pouce 1/4 de diamètre, par Sedan.

120 cordes ou traits de 6 pieds de longueur environ de la grosseur d'un 1/2 pouce de diamètre, par Sedan.

120 cordes d'attelage de 11 pieds environ de 3/4 de diamètre, par Sedan.

1 tonneau contenant 100 pintes de goudron fluide.

100 brouettes, par Sedan.

100 brouettes, par Charleville.

3 petites charrettes sur 2 roues à bras, par Sedan.

5 poulains à décharger les tonneaux, par Charleville.

3 grands leviers avec des blocs de bois de 2 pieds de long sur 10 pouces carrés.

250 leviers de bois de 18 pieds de long sur 6 à 8 pouces de diamètre.

250 madriers de 12 pieds de long sur 1 pied de largeur et 3 pouces d'épaisseur, par Sedan.

250 madriers de 12 pieds de long sur 1 pied de largeur et 3 pouces d'épaisseur, par Charleville.

1,000 madriers de 9 pieds de long sur 1 pied de largeur et 3 pouces d'épaisseur, par Sedan.

7,000 clous de 6 pouces de long avec tête, par Charleville.

4,000 écoupes emmanchées pour enlever les terres, par Sedan.

1,500 hoyaux ou pioches emmanchées, dont :

750 par Sedan,

750 par Charleville.

600 masses de bois à enfoncer les piquets, toutes emmanchées, par Charleville.

600 demoiselles à fouler la terre, par Sedan.

150 haches emmanchées, par Sedan.

500 petites hachettes, par Charleville.

250 serpes à couper le bois, par Charleville.

250 serpes à couper le bois, par Sedan.

50 échelles de 15 pieds de long, par Charleville.

50 scies dont moitié de long et l'autre moitié longue scie à dents de charpentier, dont :

25 par Charleville,

25 par Sedan.

70 scies à main montées, par Charleville.

70 mêches de charpentier d'un demi-pouce de diamètre pour forer, par Sedan.

50 règles de charpentier, par Sedan.

1 cric pour les voitures, par Sedan.

1 cric pour les voitures, par Charleville.

2 chèvres longues avec les câbles et poulies, par Charleville.

Un quart des objets indiqués devait être fourni dans trois jours, et le reste pour le 1er août.

Le 24 juillet, le général Hacke, pour faire disparaître ses craintes, que le non-paiement des contributions de guerre imposées à l'arrondissement était le fait de la mauvaise volonté de M. Desmares, receveur particulier, lui adjoignit un de ses sujets, l'inspecteur de l'intendance Lydtke, avec mission d'inspecter tous les magasins, caisses et recettes publiques du département. Par la même note, il ordonnait la création d'une caisse centrale, dont M. Desmares aurait la responsabilité, mais l'administration serait faite de concert avec son inspecteur, qui serait détenteur d'une double clef des coffres.

Le 27 juillet, l'intendant général adressait à M. le Préfet provisoire, la note suivante :

« J'ai l'honneur de vous informer qu'outre les réquisitions de draps faites jusqu'à ce jour, il en faut 500 aunes de couleur verte pour officiers.

« Vous voudrez bien faire en sorte que cette nouvelle fourniture soit effectuée dans le délai de *six jours* au plus tard. »

*
* *

Depuis longtemps on n'avait frappé une contribution d'argent. L'administration espérait que la marche des événements qui s'accomplissaient sous les murs de Paris, et les relations du roi Louis XVIII avec les souverains alliés contre la France avaient mis un terme aux prétentions monétaires de l'envahisseur. Elle préparait avec la plus grande activité les fournitures à faire, lorsque, le 28 juillet, arrivait une réquisition frappant le département d'une contribution de 200,000 francs « à titre de frais de guerre ; » l'ordre comportait que « cette somme doit être versée dans la caisse centrale au 4 août au soir, à sept heures, infailliblement, faute de quoi chaque heure de retard ferait encourir une amende de 10,000 francs. »

Quelques heures après arrivait un autre ordre invitant « à faire confectionner, sous 10 jours, 4,000 paires de souliers pour les besoins de plusieurs corps d'armée qui doivent passer ici à cette époque. Je vous avertis, ajoutait l'ordre, que vous exposeriez le département aux plus grands désagréments si vous négligiez cette mesure. »

Le 29, on eut un peu de répit, la journée se passa sans que nous ne fussions mis à contribution. Le lendemain ce fut le tour des réclamations.

Dans la réquisition du 16 juillet, la ville de Sedan devait fournir 20,000 aunes sur les 94,694 que comportait l'ordre. Sans tenir aucun compte des difficultés que l'administration pouvait avoir à surmonter, l'intendance des armées alliées envoya la note suivante :

« Le général commandant est informé que, sur sa réquisition de 20,000 aunes de toile, on n'a presque rien livré jusqu'à ce jour et que les ouvriers requis ne se sont pas présentés.

« Son Excellence me charge de vous prévenir que si, jusqu'à ce soir, il n'est point satisfait à cette réquisition, elle viendra demain elle-même faire arrêter les autorités et vider les magasins. »

Dès la réception de cette menace d'exécution, M. le Préfet convoqua le Conseil municipal pour délibérer sur des mesures à prendre pour parer à la situation. Il fut décidé, en premier lieu, qu'une délégation se présenterait au quartier général ennemi pour solliciter un délai pour l'une ou pour l'autre des réquisitions. Après vingt-quatre heures de réflexions de la part de l'autorité militaire, M. le Préfet reçut une prolongation pour la demande des 200,000 francs. L'intendant disait qu'il n'exigeait que le 4 août au soir, la moitié des 200,000 francs, « sous peine de 10.000 francs par chaque jour de retard, les autres 100,000 francs seront versés le 6 au soir, sous peine de 10,000 fr. par chaque journée de retard.

« J'espère, ajoutait le Teuton, que je n'aurai pas à me repentir de la facilité que je vous accorde. »

La situation qui nous était faite par les demandes réitérées, chaque jour plus nombreuses, plus difficiles à fournir, imposait des mesures exceptionnelles à l'Administration française.

Bien des solutions se présentaient, mais la plupart d'entre elles étaient des obstacles qui ne manqueraient pas à une heure donnée, plus ou moins éloignée, de ramener le *statu quo* de l'heure présente, parce que les valeurs et les bijoux avaient été cachés en des endroits où ils n'étaient pas possible de se rendre, par suite du blocus du Château. Il fallait donc réserver à l'avenir la tâche de guérir le mal présent, tout en apportant à celui-ci un palliatif. De concert avec la Municipalité, M. le Préfet créa un service d'entreprises particulières et autorisa l'établissement d'une association commerciale chargée du paiement par effets à trois, quatre, cinq et six mois, des fournitures faites par les entrepreneurs. Pour la sûreté du paiement, on préleva la perception d'un emprunt forcé de cinquante centimes par franc, sur le montant des contributions foncières, mobilières et patentes qui devait être payé par tiers à compter du 1ᵉʳ août, et de mois en mois.

Les exigences du passé firent entrevoir pour l'avenir l'insuffisance de cette ressource ; un deuxième arrêté, pris le même jour, augmenta de 25 centimes l'emprunt forcé.

Les vingt-quatre marchands de draps, don

nous avons donné les noms précédemment, représentaient la plus grande partie de la richesse de Sedan. Aussi, s'empressèrent-ils de répondre à l'offre que leur fit l'administration française de créer ce service d'entreprise. Tous signèrent un engagement par lequel ils contractaient l'obligation de remettre aux fournisseurs des armées alliées des mandats à ordre négociables sur le receveur général du département et payables à trois, quatre, cinq et six mois. Ces mandats étaient cautionnés et garantis par les fabricants qui avaient réuni un fonds de garantie de 300,000 francs, pour la couverture duquel le Préfet rendait responsable les propriétaires et les contribuables du département.

Tel est le bilan de l'occupation pendant le mois de juillet.

Non seulement le vainqueur nous imposa des rançons, mais encore, ainsi que le constate le document suivant, notre administration dut employer les hommes qu'il lui désignait.

L'intendant général de l'armée du Nord écrivait de Sedan le 31 juillet 1815 à M. Husson, préfet provisoire, la lettre suivante :

« Le sieur Hubert C....., capitaine au service du Roi de France, et que j'ai eu l'honneur de vous présenter hier, est un homme recommandable par ses talents et son inviolable attachement à son prince, attachement qui a été mis à l'épreuve dans des circonstances critiques et lui a causé bien des désagréments et des vexations. S. E. le Général en chef ayant égard à ce qu'il a souffert pour la cause de son roi et surtout aux importants services qu'il serait en état de lui rendre, me charge de vous inviter à faire entrer cet officier dans les gendarmes de votre département et je vous prie même de lui conserver son grade de capitaine.

« Vous ferez une justice en le mettant à la place de celui (1) qui dans cette fonction a trahi les intérêts de son roi et qui est encore rebelle dans le Château de Sedan. Il sera chargé aussi du désarmement des arrondissements et de recouvrer les objets militaires quelconques appartenant au Roi et aux alliés.

« Signé : LOETZ. »

(1) Il est question du capitaine Cachera, qui, ainsi que nous l'avons raconté en son temps, s'était réfugié dans le Château avec quelques-uns de ses hommes.

CHAPITRE II

L'occupation depuis le 1ᵉʳ août jusqu'à la signature de la Paix (22 novembre).

Nous sommes au 1ᵉʳ août 1815. Près de quatre mois nous séparent encore de la signature de la paix. Les souffrances ne diminuèrent pas durant ce laps de temps, qui parut à plus d'un des années, car les exigences du vainqueur, sans augmenter, continuaient à se produire chaque jour. Mézières tenait encore ; mais le moment approchait où il allait falloir en ouvrir les portes. Fouché et Davoust, par la convention du 5 juillet, avaient livré Paris à l'ennemi et l'armée s'était retirée sur les bords de la Loire. On attendait, dans l'anxiété la plus profonde, l'heure qui apporterait un soulagement aux maux ; toutes passaient pendant lesquelles le vainqueur élargissait la plaie qui saignait toujours.

Les obligations imposées par les alliés devenaient de plus en plus difficiles à remplir, et cela malgré tout le dévouement de la municipalité et l'empressement des habitants à répondre aux appels de celle-là en apportant chaque jour le contingent de leur part. On se souvient qu'une réquisition de 200,000 francs avait été imposée au département, le 28 juillet. Elle devait être fournie le 4 août au soir. Sur les démarches de

M. le Préfet, on obtint que la moitié serait versée
à cette époque et le reste le 6 au soir. Sedan
n'ayant pu apporter la somme qui lui avait été
fixée, le 7 août au matin, la caisse municipale fut
l'objet d'une exécution militaire par la force armée.
Après que les soudards eurent enlevé le peu
d'argent que contenait le coffre-fort, ils s'emparèrent des livres et les transportèrent à la comman-
datur où, après un minutieux examen, celle-ci
reconnut l'impuissance dans laquelle l'invasion et
l'occupation avaient réduit la ville, naguère si
riche. L'administration protesta contre ce fait.
Cette protestation eùt le sort de ses aînées, elle
resta lettre morte, et au lieu d'être un palliatif au
mal, il semblerait, au contraire, qu'elle eut comme
toutes les autres, le don d'exciter les appétits du
vainqueur. On a déjà remarqué que c'est au
lendemain de ces protestations que les plus fortes
réquisitions se produisirent. Il faut reconnaître
cependant, qu'à partir de cette date, nous voyons
les prétentions diminuer, chaque jour apporte son
contingent d'exigences, mais en quantité telle que
nous ne nous étendrons pas au delà sur elles.

Le 17 août, M. de Rogenat, nouveau Préfet des
Ardennes, recevait une circulaire ordonnant que
toutes les recettes, faites dans le département des
Ardennes, seraient cédées à la caisse de l'intendance et affectées à la solde des troupes d'occupation et que les contribuables non-valeurs seraient
imposés par des centimes additionnels. Le département fut imposé extraordinairement pour l'habillement de 32,280 hommes, auquel devait participer
les arrondissements de Saint-Quentin, Laon et

Vervins, pour le département de l'Aisne, et celui d'Avesne pour le département du Nord. Mais les Ardennes devaient contribuer pour leur part à l'habillement de 20,000 de ces hommes.

En outre de cela, nous devions fournir 500 chevaux de trait et 500 de selle.

« Quoique je sois convaincu, ajoutait le général Hacke, Monsieur le Préfet, que vous me donnerez dans cette opération des preuves suffisantes de votre zèle, je ne puis néanmoins vous dissimuler que j'ai les ordres les plus sévères pour punir toute négligence et à plus forte raison la mauvaise volonté. Leur application ne manquerait pas de contrarier beaucoup le désir que j'ai de vous rendre ce travail le moins désagréable possible.

« J'ai au reste des instructions formelles pour me procurer les objets sus-mentionnés en cas qu'il y aurait du retard, de quelque part que ce fut. »

Le 18 août, on reçut l'avis, que les brigades hessoises, qui occupaient le département, seraient toutes réunies et cantonnées dans l'arrondissement de Sedan, et seraient nourries par l'habitant. Comme garantie de l'exécution de cet ordre, la ville de Sedan fut mise en demeure de fournir une réserve de 15,000 rations de vivres et de 1,800 rations de fourrages.

Jusqu'au 28 août, on fut à peu près tranquille, on s'occupait de chercher les moyens de satisfaire aux dernières réquisitions imposées, lorsque l'autorité militaire donna à l'intendant l'ordre que, « si les autorités mettent de la lenteur à effectuer les réquisitions qui sont imposées, surtout en objet d'habillement, on devra recourir aux moyens suivants :

1° Exécution militaire chez le Préfet, et à ses frais ;

2° Saisie de tous ses biens, meubles et immeubles ;

3° Arrestation de sa personne et sa déportation dans une forteresse prussienne ;

4° La saisie de tous les objets et biens, de quelque valeur et de quelque nature qu'ils soient, chez les particuliers ;

5° La confiscation de ces mêmes biens et objets ;

6° La saisie de toutes les pièces concernant les propriétés qui se trouvent chez les notaires. »

Le signataire, comprenant tout ce que ces mesures avaient d'odieux, voulant paraître bienveillant, demandait au Préfet de lui indiquer les moyens à employer pour parer à l'application desdites mesures.

Le lendemain 29 août, dès la première heure, un placard annonçait à la population qu'une saisie venait d'être faite chez les pharmaciens de la ville des « médicaments dont les hôpitaux manquaient depuis plusieurs jours, pour le service des malades et des blessés. »

Et pour excuser cette mesure, l'intendant général Lœst ajoutait : « Les autorités compétentes ont été invitées, à plusieurs reprises, à faire pourvoir aux médicaments nécessaires au service des hôpitaux, d'après la demande qu'en avait faite M. Busch, médecin général de l'armée ; les autorités ayant négligé de satisfaire à cette demande, il en résulte qu'aujourd'hui M. le médecin général m'informe que les matières médicales sont totalement épuisées et que les malades sont à la veille de périr faute de pouvoir leur administrer les remèdes propres à leur guérison.

« Mon devoir et les principes d'humanité m'ont donc forcé à prendre la voie la plus prompte et la plus efficace, en ménageant toutefois des ressources pour les besoins des habitants. »

Les mots « principes d'humanité » conviennent bien à des hommes qui jusqu'alors ont toujours cherché le moment propice, où ils pourraient appliquer à notre malheureuse population la plus terrible loi des représailles, le pillage. Oh ! saints principes, que de fois, en votre nom, l'hypocrite a commis des fautes ? que de fois il a foulé à ses pieds les devoirs que l'humanité impose dans la guerre, au vainqueur ? Parler d'humanité quand on n'a jamais pu susciter dans le cœur de ses hommes un sentiment qui put leur faire regretter les fautes qu'ils ont commises, c'est le comble de l'ironie.

Jusqu'au 10 septembre, on jouit d'une tranquillité relativement heureuse. Ce jour-là, arriva l'ordre d'établir, pour un mois, un magasin de réserve pour 20,100 hommes et 3,200 chevaux. Dès que M. le Préfet reçut cet ordre, il ne put que répondre qu'il était impossible à l'arrondissement de Sedan de fournir seul cette réquisition. Cette réclamation donna lieu à bien des démarches de la part du fonctionnaire français, car ce n'est que le 28 du même mois, qu'il obtint que l'approvisionnement du nouveau parc de réserve, serait établi pour 15 jours. Les fournitures comprenaient :

1° 603,000 livres de pain, farine ou grains, en comptant toujours que trois livres de farine font quatre livres de pain ;

2° 301,500 livres de viande sur pied ;

3° 150,700 livres de légumes ;

4° 60,300 litres d'eau-de-vie ;

5° 301,500 litres de bière, ou en remplacement la quantité d'eau-de-vie portée au taux ;

6° 18,843 demi-livres de sel ;

7° 576,000 livres de foin ;

8° 192,000 livres de paille ;

9° 576,000 livres d'avoine.

Ces quantités furent livrées les 4 et 8 octobre et emmagasinées, moitié à Sedan et moitié à Mézières ; à cette époque la place avait ouvert ses portes.

Entre-temps, le 13 septembre, la ville avait dû verser encore une somme de 40,000 francs d'acompte sur une réquisition de 1,300,000 francs frappée sur le département en faveur de l'armée du Nord de l'Allemagne. Le lendemain on dut faire tenir prêt pour le 17 septembre, à midi pour être transporté à Stenay :

1° 5,000 livres de biscuit ;

2° 10,000 livres de viande sur pied ;

3° 2,000 livres de riz ;

4° 2,400 litres d'eau-de-vie ;

5° 600 litres de **bon vin**.

*
* *

Le mois d'octobre peut être appelé « un mois raisonnable, » en dehors des quelques mouvements de troupes, aucune réquisition, autres que celles des besoins pour la nourriture, ne fut faite.

Parmi ces mouvements de troupes, les plus importants furent en ce qui concerne notre arrondissement :

Le 28 octobre, arrivée à Sedan du régiment de ligne de Colberg qui prit ses cantonnements à Sedan et dans les deux cantons de Sedan-sud et de Sedan-nord.

Ce même jour, le 16e de ligne s'établit dans les cantons de Carignan, Mouzon et Raucourt.

Le 28, arrivée à Sedan du 2e régiment d'infanterie de Brandebourg, 2,500 hommes et 120 chevaux.

Le 30, arrivée du 28e régiment de Brandebourg au même effectif ; enfin le 31, le quartier général de la première armée, à l'effectif de 300 hommes et 400 chevaux, s'établissait à Sedan.

***

Nos recherches nous ont fait découvrir des choses bien curieuses, qui mériteraient à plus d'un titre, l'honneur de la publicité ; ce serait peut-être, en certaines circonstances, montrer que quelquefois le vainqueur lui-même n'est pas toujours satisfait de son sort, et qu'il a besoin de celui qu'il a étreint dans ses griffes pour le relever de l'opprobre dont est frappé, par les générations, l'homme qui n'a eu, à aucune heure, de la pitié pour sa victime. Ce n'est pas ce but que nous voulons atteindre en publiant la lettre suivante, nous le faisons simplement à titre de curiosité, surtout pour le style.

« Sedan, le 20 octobre 1815.

« A Monsieur Rogniat, légionnaire, Préfet du département des Ardennes à Mézières,

« Monsieur le Préfet,

« Dans ce moment, où le sort en décidera si le bataillon de S. A. S. Monseigneur le duc régnant d'Anhalt-Bernbourg dont le commandement je suis honoré, doit rester peut être encore pour un certain temps dans ces provinces, ou retourner dans ses foyers, m'intéresse beaucoup la bonne réputation que mon bataillon a gagnée par sa conduite envers les habitants des lieux dans ce département qui étoit occupé par celui durant l'activité des armes et dont la fortune et misère à cause de cela dépendoit en ce tems là de sa bonne et mauvaise conduite.

« Les communes de Gernelle, Cons-la-Granville et Warcq dont les habitants à l'entrée de mon bataillon s'étoient retirés dans les bois, abandonnant leurs biens, soit par les misères de la guerre qu'ils avoient souffert déjà, soit par la crainte d'en souffrir encore davantage, m'ont donné les témoignages que ceux-là animé par mes proclamations et promesses favorables de vouloir protéger leur propriété sont retournés dans les villages.

« Aussi la commune d'Etion dont les habitants persuadés par moi retournoient aux débris de leurs biens, donnera les mêmes témoignages.

« Mais c'étoit principalement le cas avec la commune de Cons-la-Granville que j'ai trouvée abandonnée entièrement.

« Le duc régnant d'Anhalt-Bernbourg, mon Souverain, veut que son militaire soit non seulement courageux au combat, mais observe aussi une conduite honnête et douce envers les bourgeois paisibles et il seroit bien flatteur pour lui, Monsieur le Préfet, si vous vouliez vous intéresser en faveur de moi, de sorte que Sa Majesté le roi de France, votre souverain me récompensât d'une épreuve de sa grâce à cause de la bonne discipline et conduite que mon bataillon a observée, quelle grâce même serait très avantageuse à ma carrière future.

« A vous permis, Monsieur le Préfet, je profite aussi des témoignages des mairies de Charleville, Mézières et Sedan.

« Quant à cette dernière ville, un article au journal de Paris du 24 septembre, s'occupe de publier même le secours que mon bataillon a rendu à l'incendie éclatée avant peu de tems.

« Il dépend de vous, Monsieur le Préfet, d'en juger, si vous vouliez profiter en mon faveur des dites témoignages et chaque réponse dont vous m'honorez à cet égard, vous aurez la bonté d'envoyer à Monsieur Jobert, maire à Sedan, qui aura soin de m'en pourvoir même si j'étais parti avec mon bataillon pendant ce tems là.

« Veuillez accueillir les assurances de mon profond respect avec lequel je me signe, Monsieur le Préfet, votre très humble serviteur.

« Le Major ALBERT DE SONNENBERG,
« Chef du bataillon d'Anhalt-Bernbourg. »

Nous regrettons de ne pouvoir ajouter, si ce titre a été accordé au solliciteur ; nous en doutons.

*
* *

Le 1er novembre, le 2e régiment de la Prusse occidentale, à l'effectif de 2,500 hommes et 120 chevaux, suivi le surlendemain de l'ambulance n° 14, à l'effectif de 80 hommes et 100 chevaux, arrivait à Sedan.

La présence de toutes ces troupes mit la municipalité dans l'obligation de prendre de nouvelles mesures pour parer à ces charges de l'occupation. Après avoir cherché maintes solutions, elle s'arrêta aux suivantes :

1° Chaque habitant payera cinq francs pour chaque soldat qu'il loge ordinairement ;

2° Augmentation de cent pour cent des contributions mobilières et personnelles en principal et centimes additionnels ;

3° Augmentation de trente pour cent sur 60,000 francs, montant de la contribution foncière en principal et centimes additionnels.

Tel est le bilan de l'occupation jusqu'au traité de paix qui fut signé le 22 novembre.

CHAPITRE III

Le traité de paix

Il n'aurait pas été de notre sujet d'apprécier et
de raconter les conséquences de cette campagne
de 1815, si les Ardennes en général, et Sedan en
particulier, n'avaient eu à jouer un rôle assez
considérable dans les vues des alliés, au moment
où la France allait chercher à mettre un terme
aux douleurs du peuple.

Lorsque la coalition s'était formée pour nous
combattre, elle avait excité l'enthousiasme des
nationaux qui allaient prendre parti contre la
France, par des proclamations dans lesquelles on
les conviait « au sac de la nouvelle Babylone, »
leur faisant espérer qu'ils auraient leur bonne part
du butin. « Marchons, disaient dans une autre
proclamation, les princes allemands, marchons
pour écraser, pour partager cette terre impie,
que la politique des rois ne peut laisser subsister
sans danger pour les trônes. Il faut exterminer *cette
bande de brigands qu'on appelle l'armée française ;*
il faut mettre hors la loi tout ce peuple sans
caractère, pour qui la guerre est un besoin. Le
monde ne peut rester en paix tant qu'il existera
un peuple français. »

Les victoires faciles de nos adversaires, au lieu
d'avoir eu le don de diminuer leur haine, ne firent
que l'augmenter. C'est donc animés encore de ces

sentiments de vengeance, qu'ils imposèrent les conditions de paix. Heureusement pour nous que cette haine des premiers jours s'éteignit chez le Russe et diminua chez l'Anglais ; et, au lieu du démembrement que sollicitaient les alliés germaniques, ils voulurent nous imposer seulement une humiliation. L'Autriche et la Prusse, en présence de l'attitude des autres nations, ne voulurent pas être les initiatrices du traité, elles dévolurent à leurs petits États le soin de présenter le texte même des conditions qu'elles imposaient. Ce fut donc en leur nom, quoique rédigée par l'état-major prussien, que fut présentée la carte indiquant les nouvelles délimitations territoriales de la France. On nous enlevait toute la zone frontière conquise dans les guerres de Louis XIV, fortifiée par Vauban et Louvois. En ce qui concerne notre département — et ce n'est que lui que nous considérons — on nous prenait Rocroy, Givet, Charlemont, Mézières et Sedan, c'est-à-dire toutes les places fortes dépendantes de la *ceinture de fer*.

L'Angleterre adhéra à une partie de ce démembrement, mais la Russie, dont l'appui nous est encore si précieux à cette heure (1), s'y opposa.

Lorsque Louis XVIII eût connaissance du projet, il fut pris d'un vif désespoir. Mais comment ne pas accepter les conditions du vainqueur, lui qui avait

(1) C'est grâce aux sympathies de cette puissance que nous avons pu conserver, depuis 1870, la paix jusqu'à ce jour. Aussi, le peuple français, reconnaissant, vient d'accomplir un acte de patriotisme auquel toute la Presse a applaudi, en couvrant à lui seul, plus de trois fois, un emprunt que cette puissance contractait en Europe.

déclaré, que c'était grâce à son appui qu'il reconquérait le trône de ses pères, car ce traité de paix allait lui donner un trône, dont toutes les parties serait un Etat dans son Etat. Il le comprit si bien qu'il essaya personnellement d'apporter un palliatif au mal. Il ne recula pas devant les démarches et les sollicitations, allant jusqu'à s'agenouiller aux pieds des ambassadeurs. A lord Wellington, il dit : « Je croyais en rentrant en France, régner sur le royaume de mes pères ; il paraît que je me suis trompé. Je ne saurais rester qu'à ce prix, » et poussant la platitude jusqu'à demander à l'Angleterre un refuge, il ajoutait : — « Croyez-vous que votre gouvernement consente à me recevoir, si je lui demande encore un asile ? » Le duc de Richelieu, alors ministre des affaires étrangères, mieux informé que son souverain des dispositions de la Russie, se rendit auprès de l'empereur de Russie, Alexandre. Celui-ci se fit apporter la carte qui devait être mise à l'appui du traité de paix : « Monsieur le duc, lui dit l'empereur, voilà la France telle que mes alliés veulent la faire ; il n'y manque que ma signature, je vous promets qu'elle y manquera toujours. »

Fort de cet appui, notre ministre alla plus loin, il publia à cors et à cris « qu'on voulait une nouvelle guerre de 25 ans, qu'on l'aurait ; que l'armée de la Loire pouvait être en peu de jours rétablie et doublée, que l'armée vendéenne entrerait dans ses rangs, et que la France monarchique ne se montrerait pas moins redoutable que la France républicaine. »

Dès que les puissances alliées connurent la

décision de la Russie, leurs projets furent entièrement bouleversés ; elles durent modifier leurs
prétentions et ne demandèrent plus, dans notre
département, que les places de Givet et de Charlemont. De nouvelles protestations s'élevèrent, et
devant elles, ils abandonnèrent ces deux places à
la France.

Le traité, définitivement arrêté, fut signé à
Paris le 20 novembre 1815. Le département des
Ardennes restait entièrement à la France, mais
par suite de l'article 4 qui ordonnait l'occupation
du territoire par un corps d'armée dont l'effectif
ne dépassait pas 150,000 hommes, pendant une
durée minimum de 3 ans et de 5 ans au plus,
Rocroy, Givet, Charlemont, Mézières et Sedan
reçurent une garnison ennemie.

Par l'article 9, d'une convention spéciale, conclue
en conformité de l'article 5 du traité, pour l'occupation d'une ligne militaire par l'armée alliée, une
commission composée de commissaires nommés,
les uns par les armées alliées, les autres par la
France, reçut la mission de vérifier et de constater
l'état des places de Givet, Sedan et Rocroy et de
dresser un inventaire des munitions de guerre,
cartes, plans et modèles déposés aux archives
militaires de chacune de ces places.

Ce sont les conséquences de ce traité qu'il nous
reste à étudier.

CHAPITRE IV

L'occupation après la paix

L'article 5 du traité du 20 novembre qui fixait à
150,000 hommes l'effectif de l'armée d'occupation,
nécessita la conclusion d'un traité spécial qui
réglementerait les charges que causerait cette
occupation.

Conformément à cette annexe, l'armée des alliés
devait être entretenue aux frais du gouvernement
qui fournirait le chauffage, l'éclairage, les vivres
et les fourrages en nature, sans toutefois que le
nombre des rations ne puisse être porté à la fois
à plus de 200,000 pour les hommes, et de 50,000
pour les chevaux.

La solde, l'équipement et les autres objets
accessoires devaient être prélevés sur le payement,
par le gouvernement français, d'une somme de
cinquante millions de francs par an, payables
en numéraire, de mois en mois, à dater du 1er
décembre, entre les mains des commissaires alliés.
Pour la première année, cette somme ne fut que
de 30,000,000.

Nous devions pourvoir également à l'entretien
des fortifications et des bâtiments militaires et
d'administration civile, ainsi qu'à l'armement et
à l'approvisionnement des places qui restaient en
dépôt entre les mains des Alliés. Le commande-

ment militaire, dans toute l'étendue des territoires occupés, appartint au général en chef des troupes ennemies. Mais l'administration civile, celle de la justice et la perception des impôts et contributions de toute espèce furent remises aux mains des autorités françaises qui en restèrent chargées avec la plus entière indépendance. Les douanes reçurent même la protection des autorités des alliés pour la répression des abus. C'est ainsi que les derniers acceptèrent que les effets d'habillement et d'équipement et tout ce dont les troupes étrangères avaient besoin, ne pourraient être introduits qu'accompagnés d'un certificat d'origine et à la suite d'un avis du chef de service communiqué au général en chef qui se chargeait personnellement de prévenir les autorités françaises intéressées.

*
* *

Le corps d'occupation de l'arrondissement de Sedan.

Au moment de la signature de la paix, le corps d'occupation de l'arrondissement de Sedan était fort de 135 officiers, 5,432 hommes et 1,402 chevaux sous les ordres du maréchal de camp de Bercke.

Conformément à la répartition des troupes qui fut faite en vertu de l'article 5 du traité du 20 novembre, le corps d'occupation de notre arrondissement fut porté à l'effectif de 158 officiers, 6,042 hommes et 2,035 chevaux par suite de l'arrivée du 7e régiment de dragons cantonné dans les cantons de Rethel et de Novion-Porcien.

Cet effectif se décompose ainsi qu'il suit :

— 139 —

	officiers.	homs.	chevaux.
Infanterie : 5 bataillons....	115	4,045	170
Cavalerie : 1 régiment.....	23	610	633
Artillerie : 5 batteries.....	15	868	720
Services administratifs, etc.	5	519	512

Les modifications de la ligne d'occupation nécessitèrent, dès le 15 décembre, les mouvements suivants :

Le 2ᵉ régiment de Brandebourg, à l'effectif de 69 officiers, 2,427 hommes et 102 chevaux occupa Sedan. Son premier bataillon (23 officiers, 809 hommes et 34 chevaux) fut caserné au Ménil ; les autres au même effectif chacun, le 2ᵉ à la caserne de Torcy, le 3ᵉ au pavillon de cette caserne.

Le 1ᵉʳ bataillon et l'état-major du 14ᵉ de ligne, cantonné dans le canton de Mouzon, est affecté à Mézières, son 2ᵉ bataillon est envoyé du canton de Raucourt dans ceux d'Omont et de Flize où il arrive le 22.

Le 7ᵉ dragons, à l'effectif de 23 officiers, 610 hommes et 633 chevaux, quitte les cantons de Rethel et de Novion-Porcien pour venir occuper Sedan, Donchery et Raucourt où il arrive le 25.

La batterie à cheval nº 20 (3 officiers, 170 hommes, 224 chevaux) cantonnée à Douzy, Mairy et Amblimont, est envoyée à Mouzon et à Vaux où elle arrive le 25.

La batterie de 12 à pied nº 6 (3 officiers, 218 hommes, 163 chevaux) stationnée à Carignan, y reste ; celle de 6 à pied nº 11 (3 officiers, 160 hommes, 111 chevaux) établie à Matton, Pouru, Chémery, est répartie, outre ces localités, à Messincourt et Sachy ; celle nº 30 (3 officiers,

160 hommes, 111 chevaux) de Margut, Sapogne, Fromy et la Ferté-sur-Chiers, vient le 27 à Létanne, Beaumont et Beaulieu (1) ; le n° 36 (3 officiers, 160 hommes, 111 chevaux) quitte Donchery et arrive le 25 dans les cantonnements de Douzy, Mairy, Amblimont, Brévilly et Euilly.

La colonne du train nᶜ 2 (1 officier, 158 hommes, 193 chevaux) de Pouru-aux-Bois, Francheval et Escombres, se fixe à Margut, Sapogne et Mairy où elle arrive le 27 ; celle n° 21, au même effectif, reste dans ses cantonnements de Puilly, les Deux-Villes, Tremblois, Auflance ; le laboratoire (1 officier, 138 hommes, 29 chevaux) à Sedan et Villette, les chevaux à ce dernier endroit ; la colonne des artisans (1 officier, 40 hommes, 47 chevaux) à Sedan et Glaire, les chevaux à ce dernier endroit, et enfin le dépôt de chevaux (1 officier, 25 hommes, 50 chevaux) établi à Osnes, y demeura.

*
* *

Mesures militaires pour assurer l'occupation.

Bien que nous devancions de beaucoup l'ordre chronologique des faits, nous rattacherons à ce chapitre les mesures prises par l'armée alliée.

Le territoire dont dépendait notre arrondissement, comprenait les départements de la Meuse et de la Moselle, que commandait le général de Ziéten dont le quartier général resta à Sedan.

(1) Ferme, écart de Beaumont.

Le 25 février 1816, un règlement général fut rédigé pour l'application de l'annexe que nos lecteurs connaissent.

En ce qui concerne l'organisation administrative, une commission mixte composée de l'intendant ou ordonnateur du corps d'armée, d'un ordonnateur français, d'un commissaire des guerres des troupes alliées, d'un commissaire des guerres français, eût pour mission de surveiller la bonne exécution des services, résoudre les difficultés, faire droit aux réclamations, réprimer les abus, rectifier et régulariser les bordereaux des fournitures.

Une autre commission centrale, composée de l'intendant général des armées alliées, un commissaire ordonnateur en chef français, deux officiers d'état-major, l'un étranger et l'autre français, ayant rang de colonel ou chef de bataillon, et enfin de quatre commissaires des guerres, dont deux étrangers et deux français. Cette commission centrale, établie à Sedan, avait à assurer dans les départements des Ardennes, de la Meuse et de la Moselle, les services suivants :

1° Correspondre avec le duc de Wellington, commandant en chef des armées alliées et le ministre de la guerre en ce qui concernait les services administratifs ;

2° Transmettre aux commissions mixtes particulières les ordres ;

3° Statuer en haut lieu sur les différends qui lui étaient soumis par les commissions mixtes, lorsque celles-ci se déclaraient incompétentes ;

4° Récapituler les bordereaux des fournitures faites par les commissions mixtes.

Le même ordre réglait ainsi qu'il suit les droits du soldat et ceux de son hôte.

Le soldat logé chez l'habitant avait droit à sa place au feu et à la chandelle, ainsi qu'à l'usage des ustensiles de cuisine appartenant à son logeur. Si celui-ci ne voulait pas donner place au soldat dans sa chambre, il devait en fournir une, présentant à son hôte les moyens de faire sa cuisine ; il devait la chauffer l'hiver.

Le cas où l'habitant donnerait place au soldat dans sa propre chambre, pendant le jour, celle où celui-ci coucherait ne devait pas être chauffée ; il devait se contenter d'un lit pour deux, mais le sous-officier pouvait en exiger un pour lui seul.

Dans les chambres où logeait moins de trois soldats, ou des sous-officiers, l'habitant était tenu d'en faire le nettoyage.

Le mobilier des casernes dut comprendre pour deux hommes :

1° Un lit.

a. Une couchette de 6 pieds 3 pouces de long sur 3 pieds 6 pouces de large.

b. Une paillasse de mêmes dimensions, pesant 34 livres de paille qui devait être renouvelée tous les trois mois.

c. Un matelas, mêmes dimensions, avec une toile propre, garni de 2 livres de laine et de 4 livres de crin.

d. Un traversin de 3 pieds, 6 pouces de long et 2 pieds 10 pouces de circonférence, garni de 2 livres 2/3 de laine et d'une livre 1/3 de crin.

Ces deux pièces devaient être cardées et rebattues tous les deux ans.

e. Une paire de draps de toile, moitié blanche, de 9 pieds 6 pouces de long, sur 6 pieds 6 pouces de large, renouvelée tous les 20 jours en été et tous les mois en hiver.

Le sous-officier avait droit à un lit semblable pour lui seul, plus une chaise et une table.

Une serviette, dont le blanchissage était à la charge de l'autorité locale, devait être donnée par semaine et par homme.

Les ustensiles de cuisine que devait fournir le logeur à 4 hommes, comprenaient : une marmite d'une contenance de 8 litres ; une assiette de 7 à 8 pouces de diamètre pour chaque soldat et deux pour chaque sous-officier, deux cruches ou bidons de la contenance de 4 litres chacun et enfin deux gobelets en fer.

Chaque bataillon caserné reçut en outre pour son usage, une buanderie avec une grande chaudière ; chaque compagnie, un grand baquet en bois de 3 pieds 1/2 de diamètre et 15 pouces de hauteur, une corde en crin de 40 aunes et une grande table *pour trois repasseuses* (sic).

Les maréchaux des logis chefs et sergents-majors devaient avoir une chambre particulière, meublée, moitié comme celle d'un lieutenant.

Les femmes des soldats qui avaient rejoints leurs maris, furent logés comme ceux-ci, mais le nombre en fut fixé à trois par compagnie.

L'officier, logé soit en caserne, soit chez l'habitant, devait avoir pour ameublement, un lit convenable comprenant une couchette de la même grandeur que celle du soldat ; deux matelas en coutil ou toile rayée, garnis chacun de 22 livres

de bonne laine neuve (sic), et de 4 livres de crin ;
une paillasse contenant 34 livres de paille ; un
traversin en toile de coton, contenant 2 livres 2/3
de laine et 1 livre 1/3 de crin ; deux couvertures
de laine blanche et fine ; une paire de draps et
une taie d'oreiller en toile blanche, changées en
été tous les quinze jours et en hiver tous les vingt
jours ; un oreiller garni de duvet ; une table avec
tiroir ; une commode ; un secrétaire ou bureau ;
cinq chaises et un fauteuil ; un miroir de 15 pouces
sur 12 ; une cuvette et un pot à eau en faïence ; un
vase de nuit ; deux gobelets ; deux tasses, deux
flambeaux et une mouchette, et enfin deux serviettes
par semaine.

Le soldat-ordonnance recevait, outre le lit ordinaire du soldat : un panier, une cruche, une table,
deux chaises, six assiettes en faïence, deux petits
pots, une hachette et une marmite.

Comme on avait prévu le cas, en raison de la
durée de l'occupation, que plusieurs officiers
pourraient être logés dans leurs propres meubles,
une clause spéciale disait alors qu'il devait être
fourni à cet officier, à moins que l'habitant ne lui
donne l'usage de ses propres ustensiles : un pot,
un chaudron, une cafetière, deux casseroles de
grandeur moyenne, une soupière, deux plats, six
assiettes dont deux creuses et quatre plates ; deux
couverts d'argent, deux couteaux de table, deux
salières, un huilier ; un saladier, un gril, un seau,
une nappe de grandeur moyenne et deux serviettes.

Ces objets de mobilier et ustensiles de cuisine
ne s'appliquaient qu'à l'officier subalterne. L'ameublement de l'officier supérieur était en raison de la

quantité de chambres qui étaient affectées à son logement ; les ustensiles étaient dus d'après le nombre de personnes à nourrir. L'habitant devait faire préparer la nourriture des soldats-ordonnances, lorsque l'officier n'était pas marié ; de même ils devaient avoir une chambre chauffée aux frais de l'habitant qui devait, en outre, lui fournir la chandelle.

Mais, — et ce fut fort heureux pour nos populations qu'il y eût ce mais, — lorsque l'habitant n'avait pas en sa possession les objets de ménage que nous venons d'indiquer et qui devaient être fournis à l'officier, celui-ci devait se contenter de ce qui existait chez son hôte, qui ne pouvait être forcé de les acheter exprès.

CHAPITRE V

Après la paix

La période qui nous occupe, quoique comprenant trois années, renferme peu de faits importants, la signature de la paix et différentes conventions ayant limité le régime sous lequel devaient vivre les troupes des alliées, chargées, en vertu de l'article 5 du traité du 20 novembre, d'occuper notre territoire.

La Convention, sur les propositions des Comités révolutionnaires, avait obligé, par des décrets spéciaux, les Municipalités à détruire sur les monuments publics, les armes royales ou tous autres emblèmes se rapportant au « régime féodal. » Les noms des rues furent également changés et remplacés par des noms, plus ou moins barroques, tels que : rue des Sans-Culottes, de la Montagne, du Marais, etc. Bien que plus de douze ans nous séparaient de cette période, et que la royauté, le régime féodal pour nous servir de l'expression des conventionnels, ait encore gouverné la France, on voyait au coin des rues les plaques rappelant les nouveaux noms qui leur avaient été donnés. Cela déplut à l'autorité prussienne, et le comte de Loucey, colonel, directeur supérieur de la police de guerre des armées, écrivit le 5 décembre au maire de Sedan une lettre dont nous retenons le passage suivant :

« Il se trouve encore ici, au coin des rues, à

l'étonnement de tout le monde des inscriptions qui datent des époques les plus orageuses de la Révolution. Je vous invite à faire *effacer sur-le-champ ces témoignages du délire* d'alors et d'y faire substituer les désignations des rues telles qu'elles étaient en 1790. »

La Municipalité se rendit-elle au désir de cette lettre, véritable abus d'autorité, contre lequel c'était un devoir de protester. Rien dans les documents que nous avons consultés ne nous l'apprend.

Le 9 décembre, par un ordre du jour, ce même directeur, à l'effet d'alléger le service pénible qui incombait à la garde nationale, adjoignit à celle-ci un piquet de huit hommes commandés par deux sous-officiers. Ce poste, placé aux environs du théâtre, se rassemblait à la chute du jour et se tenait la nuit, en permanence, jusqu'à l'ouverture des portes de la ville ; il concourrait au service de patrouille, aux alertes, etc.

Le lecteur a déjà pu se faire une idée de l'importance des dommages causés par l'invasion par les documents que nous avons publiés ; mais elle est très imparfaite en raison de ceux dont le caractère ne pouvait trouver place dans notre travail, car ce sont des volumes entiers qu'il faudrait écrire pour peindre un fidèle tableau de nos misères. Ces documents déposés aux archives à Mézières, permettent d'établir qu'à la fin de janvier 1816, les charges supportées par l'arrondissement de Sedan pour la nourriture des soldats étrangers, transports et journées de manœuvres, atteignaient plus de quatre millions de francs ; il faut ajouter encore près de 900,000 francs pour les animaux enlevés, soit donc un total de cinq millions.

Il ne nous est pas possible de donner commune par commune le chiffre des pertes et impositions de l'occupation, nous avons relevé pour les suivantes, les plus rapprochées de Sedan, les chiffres ci-dessous :

Bazeilles...........................Fr.   33,850
Daigny............................   35,330
Fresnois...........................   44,959
Douzy.............................   58,968
Givonne...........................   60,036
Torcy............................. .   69,585

Nous avions donc raison de dire que l'occupation de 1815 ne laissait pas de beaucoup derrière elle celle de 1870. Bien que la paix fût signée, les charges étaient encore écrasantes. Pendant la dernière huitaine de janvier, nous dûmes fournir :

Pain (rations de 2 livres)............   37,811
Pain blanc (rations de 2 livres)......   2,317
Viande (rations d'une livre).........   42,445
Riz (3 onces), légumes secs (6 onces).   17,319
Sel (1 once)......................   17,319
Vin (1 litre).......................   2,317
Eau-de-vie de Genièvre (1 décilitre)..   41,360
      Id.   de France (1 décilitre)...   965
Bière (1 litre)......................   37,691
Fourrages........................   12,796
Lard salé (3 onces)................   17,219
Chauffage (1 kilog. 500)...........   121,835
Tabac (1 once)....................   42,150

*
* *

A la suite du licenciement de l'armée française, le roi Louis XVIII ordonna aux militaires de se retirer chacun dans ses foyers. Pour des raisons qu'il n'est pas difficile de comprendre, plusieurs restèrent dans le département où ils se trouvaient. Le général de Ziéten « ne voulant souffrir un tel abus contraire à la discipline et au bon ordre du pays, » fit prévenir qu'il requérait « MM. les Préfets de ces départements (1), d'adjoindre à tout homme qui a fait partie de l'ancienne armée de France, à tous les vétérans et autres de ces militaires, de toute arme et de quel grade qu'ils y aient obtenu, qu'ils ont à se pourvoir auprès du maire de leur endroit, d'un certificat de naissance et de conduite, avec lequel ils se présenteront chez le général chef de brigade, commandant dans leur département, pour y être portés sur une liste, et en recevoir un *permis de domicile* sans lequel ils ne seront point admis à séjourner dans ces départements. »

Ce permis de domicile n'était délivré par l'autorité militaire qu'autant que le maire de la commune avait accordé un certificat de résidence sur lequel le permis de séjour était apposé par le général de brigade ou l'un des officiers autorisés à recevoir les déclarations.

Tout militaire français à qui le maire de la commune refusait, pour une raison quelconque, ce certificat, était tenu de quitter, sans délai, le

____

(1) Ardennes, Meuse et Moselle.

lieu où il s'était réfugié, pour rejoindre ses foyers, sans pouvoir séjourner au-delà de 24 heures dans aucun endroit de son passage.

Le certificat et le permis de domicile ne servaient pas de passe-port pour voyager, et tous porteurs rencontrés « hors des limites de leurs cantons, sans avoir ce certificat, seront arrêtés et réprimandés ; la seconde fois ils seront mis en prison, et la troisième fois, traités comme suspects, et transportés au-delà des limites de l'armée, avec défense d'y reparaître.

« Celui qui aura été transporté de la sorte avec défense de reparaître, comme aussi celui qui n'ayant pu obtenir un permis de domicile et qui hasarderait de se tenir caché dans l'enceinte de l'armée, s'il est arrêté, *sera considéré dangereux et ne sera remis en liberté qu'à la demande d'une autorité publique, et sous la garantie d'une surveillance perpétuelle.* »

Cette surveillance faisait donc le soldat français l'égal du malfaiteur placé sous la surveillance de la haute police.

*
* *

L'application des mesures que nous avons exposées précédemment donna lieu à de nombreuses réquisitions, la moins importante, mais la plus difficile à réunir est celle qui devait être attribuée aux généraux. Cette réquisition datée du 22 février comportait :

Nappes de 25 couverts ou 2
draps de 14 aunes............ 21
Nappes de 12 couverts....... 25

Serviettes . . . .   62 douzaines.
Tabliers de cuisine   21   »
Torchons de cuisine   27   »
Couverts d'argent   36
Cuillières à café   42
Taies d'oreillers   11   »

La Municipalité dressa une liste de gens pouvant fournir « le plus beau linge » et 108 particuliers durent apporter chacun ce qui lui fut assigné.

Pendant le mois de février, les fournitures suivantes furent faites aux troupes d'occupation :

Pain, rations de 2 livres . .   1,165,377 rations.
Viande, rations d'une livre.   166,469   »
Riz (3 onces) et légumes
secs (6 onces)   165,377   »
Sel (1 once)   165,377   »
Eau-de-vie (1 décilitre)   165,377   »
Fourrages   56,737   »
Chauffage   568,025   »
Chandelles . . . .   2,848 livres.

* * *

Une plume plus autorisée que la nôtre, et dont le caractère officiel rend incontestable l'authenticité des faits relatés, a tracé le tableau des misères supportées par la population de l'arrondissement de Sedan.

Le 15 juin 1816, M. le Sous-Préfet de Sedan, adressait à son chef hiérarchique, pour être transmis à M. le Ministre de l'intérieur, un rapport, duquel nous détachons les passages suivants :

Rapport du Sous-Préfet de Sedan du 15 juin 1816.

« Jusque vers le 15 août, l'armée ennemie, dont les chefs accablaient l'arrondissement de réquisitions pour subsistances qui allaient en grande partie se perdre à Flize, n'a pu, par l'effet même de ces réquisitions, être nourrie par les magasins ; les officiers et les soldats sont restés à la charge des habitants, qui ont dû leur fournir tout ce qu'ils exigeaient. Les marches, les contre-marches qu'exécutaient journellement les divers corps de cette armée, en ont doublé la charge ; et, en comptant, pour ces 50 jours, 20,000 hommes à 2 francs par jour, tant pour les officiers, qui coûtaient dix fois plus que pour les soldats, on est bien loin d'exagérer la dépense, qui pourtant se porte, pour cet objet, à deux millions de francs.

·· « Après la capitulation de Mézières, le nombre des militaires qui sont restés dans l'arrondissement, a été réduit à environ 10,000 ; des passages qui se succédaient sans interruption y ont encore ajouté. Mais pour être aussi modéré à cet égard, on se borne à compter 8,000 hommes, qui, pendant 80 jours environ, ont occasionné chez les habitants, chacun une dépense de 1 fr. 50 par jour, et au total celle de 960,000 francs.

« Enfin, depuis les premiers jours de novembre jusqu'à la fin de janvier, l'arrondissement a été chargé de 4,000 hommes (indépendamment de ceux casernés) auxquels il a fallu fournir lard, légumes, sel, café, etc., etc., ce qui a encore été l'objet d'une dépense, à raison de 1 franc par jour, de 36,800 francs.

« Depuis l'invasion jusqu'à la fin de janvier, l'arrondissement a été écrasé de réquisitions pour transports ; souvent elles étaient tellement considérables, que toutes les voitures se trouvaient insuffisantes. Souvent encore les voitures ont été retenues pendant des mois entiers hors des communes. Cette charge pourrait, sans exagération, entrer dans l'évaluation pour une somme immense, mais on la réduit encore sur le pied de 45 voitures par jour ; et, ne comptant pour chaque voiture que six jours de service, à 16 francs l'un, on arrive à une somme totale de 864,000 francs.

« Enfin, tout le temps qu'a duré le siège de Mézières, l'arrondissement a fourni, pour travailler aux tranchées, pour pratiquer des chemins à l'artillerie, au moins 5,000 journées de manœuvre et d'ouvrier, qui, à 2 francs la journée, donnent au total 10,000 francs.

« Pour les autres objets, on a dû s'en rapporter aux renseignements fournis par les maires, et on n'a aucune raison de les soupçonner d'exagération.

« Le Sous-Préfet ne croit pas devoir terminer sans faire observer que les campagnes de son arrondissement sont encore occupées par plus de 2,000 chevaux et 3,000 hommes ; que pour nourrir les premiers, on prend journellement sur le grenier de l'habitant le foin qu'on leur délivre en trop petite quantité, et que le cultivateur se trouve ainsi réduit à l'impossibilité d'entretenir le bétail nécessaire à l'exploitation de ses terres ; et quoique les hommes reçoivent des magasins de l'Etat les subsistances, et qu'ils n'aient droit de rien exiger de leurs hôtes, il n'est aucun de ces militaires qui,

en fournitures extraordinaires, ne coûte 15 sous
par jour à l'habitant chez lequel il loge. »

*
* *

Le 3 août 1816, le général de Borke, commandant la place de Sedan fit remettre de la part des
troupes prussiennes, à l'occasion de la fête de leur
roi « 50 louis neufs pour les faire distribuer aux
sœurs de charité et aux indigents de la ville. »
Que d'autres voient en ce fait un acte de générosité,
pour nous, c'est une juste restitution d'une part
bien minime de tant de choses arrachées « aux
indigents. »

Le 8 octobre 1816, le colonel de Lœwenfeld,
commandant de la place, peu satisfait de la façon
dont se faisait le service des logements à la mairie,
voulut placer à la tête de ce service un officier
appartenant au 2e régiment de Brandebourg. Cet
officier devait avoir personnellement la signature
pour toutes les affaires concernant le logement
militaire ; pour cela, il se tiendrait en permanence
au bureau militaire municipal.

Le 11 octobre, ce fonctionnaire se présenta pour
prendre possession de son poste. M. de Guerville,
maire, protesta auprès de l'autorité préfectorale ;
celle-ci lui enjoignit de maintenir ses prétentions,
et de persister, par ses protestations, dans son
droit qui était conforme à l'ordonnance arrêtée
entre la France et les puissances alliées.

Ses protestations eurent gain de cause, et le 14,
le général consentit à ce que l'officier ne signât
pas les billets de logement, et ne demeurât pas
dans le bureau militaire municipal, mais qu'il

servît simplement d'intermédiaire entre les officiers et la ville, dans les différends qui pourraient s'élever. D'après ces nouvelles conventions, l'officier se tint dans le bureau du maire où il reçut les communications.

Le 20 juillet 1817, le général de Ziéten informa M. de Lassalle, préfet, de l'arrivée à Sedan du roi de Prusse, pendant la dernière semaine du mois d'août. Le souverain, voulant garder le plus strict *incognito*, désirait « qu'il ne lui soit rendu de la part des autorités françaises aucun des honneurs dus à son rang, ni fait aucune réception distinctive, Sa Majesté veut que sa présence n'occasionne ni dérangement, ni frais dans les départements qu'elle va parcourir et auxquels elle porte trop d'intérêt pour ne pouvoir en attendre l'exécution de ses désirs comme un témoignage de respect qui lui sera plus agréable que toutes démonstrations. »

Nous n'avons pas à nous étendre au-delà sur ce seul fait que nous signalons pendant l'année 1817.

Le 10 septembre, le général de Ziéten au nom de son souverain, chargea le Préfet de remercier la population. « Je ne saurais, disait-il, que me louer infiniment du bon esprit qu'ont témoigné dans cette occasion tous vos administrés et de la bonne volonté dont ils ont fait preuve dans des moments de gêne et d'embarras ; je vous prie, Monsieur le Préfet, d'être auprès d'eux l'organe de ma satisfaction et de ma reconnaissance. »

Le roi avait laissé deux mille francs à répartir entre Mézières, Charleville, Donchery, Sedan,

Balan et Bazeilles, le général pria le Préfet de faire établir un projet de répartition et de le lui envoyer le plus tôt possible « afin que les intentions de S. M. puissent être remplies sans délai et que les malheureux des endroits qu'elle a honorée de sa présence, reçoivent une preuve de sa haute bienveillance. »

* *
*

1818 ! C'est l'année où la France va reprendre sa liberté, où nos trois couleurs vont enfin reparaître au-dessus des murs de notre cité.

Par ordre du Ministre de la guerre du 20 juillet, le 17 août, une commission de cinq membres procéda à la rédaction du procès-verbal de remise de la place de Sedan au génie militaire français.

Le baron de Lowenfeld, lieutenant-colonel, commandant supérieur de la place de Sedan, M. Aug. Frazéo, lieutenant-colonel commandant l'artillerie légère anglaise et Georges Harding, capitaine du génie anglais ; le baron Capelle, lieutenant-colonel au corps royal d'artillerie, et François Maurint, chef de bataillon du génie furent chargés, les premiers pour la France, les seconds pour les armées des alliés, de cette mission et rédigèrent le procès-verbal que nous reproduisons in extenso (1).

Le dernier événement que nous ayons à signaler est l'arrivée du roi de Prusse à Sedan. Le 16 octobre, le général de Ziéten réclama 120 couverts

(1) Documents complémenatires. II.

d'argent et le linge de table pour 100 personnes.
Le 25 octobre le roi fit son entrée dans la ville,
passa la revue des troupes le lendemain. Pendant
son séjour il habita le château de Bazeilles occupé
par le général de Broke qui vint s'installer dans
celui de Montvillers.

A la veille de quitter la ville, le général de
Ziéten adressa à la municipalité ses remercie-
ments.... « Je désire aussi, Monsieur, que vous
veuilliez bien faire savoir à tous vos administrés,
combien je sais gré à chacun en particulier de la
bonne volonté et de la prévenance avec lesquelles
ils ont fait le sacrifice d'une partie de leurs logements, et supporté la gêne qui en résultait pour
eux. Je savais bien que tous, convaincus de la
nécessité de ce surcroit de charge, viendraient
dans cette occasion encore, comme dans les
précédentes, au devant de mes désirs qui ont
toujours été modérés autant que possible ; cette
dernière preuve de leur confiance sera un des
souvenirs agréables que j'emporterai dans ma
patrie. »

A nous autres Français et patriotes, il nous
restait un souvenir bien plus terrible, et qui longtemps encore devait peser d'un poids énorme sur
notre pays : la misère, la ruine, le deuil, tout cet
amoncellement de souvenirs était bien fait pour
nous rappeler la présence des alliés parmi nous.

Le 22 octobre, ce fut le jour de la délivrance.
C'était un dimanche, une messe fut dite sur la
place, à laquelle assista toute la garnison.

La garde nationale releva la garde prussienne
avec les honneurs accoutumées. Le lieutenant-

colonel de Lœwenfeld fit la remise des clefs au Sous-Préfet M. de la Vigne.

Plusieurs malades militaires furent laissés à l'hôpital après l'évacuation. Le lieutenant-colonel de Saint-Malian resta aussi au titre de commissaire général pendant le séjour de ces malades.

Tel est la page que nous avions à ajouter à l'histoire militaire de notre département.

QUATRIÈME PARTIE

DOCUMENTS COMPLÉMENTAIRES

DOCUMENTS COMPLÉMENTAIRES

I

Dispositions prises pour la défense du Château

ORDRE DU JOUR.

Dispositif des troupes de la garnison du Château de Sedan en cas d'alerte et en cas d'attaque.

En cas d'alerte, et quand la générale battra par l'ordre de M. le Commandant supérieur, les troupes formant la garnison du Château, devront se porter de suite de leurs quartiers aux différents points qui vont être désignés.

Tous les services militaires devront se rendre chez le Commissaire des guerres qui leur donnera des ordres pour se retirer dans la citadelle, avec tout ce qui est soumis à son administration.

ORDRE :

Artillerie.

Les escouades de l'artillerie, d'après les dispositions arrêtées d'avance pour le service de cette arme, se porteront à leurs batteries ; le garde-magasin et ses aides, au magasin à poudre, et le sous-garde à l'arsenal.

Nombre des hommes................ 75

MM. les officiers du génie seront ainsi répartis :

M. le chef du génie Lebel, secondé de l'adjudant
Gippon, sera chargé de concourir à la défense du
bastion du Fer-à-Cheval et du Château bas.   2

M. Dujardin, de celle des fronts 2-3 et 3-4
y compris la totalité du bastion n° 2 et celle
du bastion n° 4. Il aura sous ses ordres le
garde du génie Labarre.................   2

M. Massillon, de celle de l'entrée du donjon de la Fausse-Braie du bastion n° 1, et de
toute la ligne de feu du donjon. Il aura sous
ses ordres le garde du génie Laulanier.....   2

M. Spinasse sera chargé de concourir à la
défense du donjon et de surveiller la conservation de tous les bâtiments militaires ; il
disposera alors du garde du génie Launoy et
de tous les ouvriers de la fortification auxquels on adjoindra au besoin le nombre
d'hommes nécessaire.

Les pompes et tout le matériel pour le cas
d'incendie sont placés sous sa surveillance
immédiate.............................   2

Le garde du génie Bretagne, secondé par
trois manœuvres de la fortification, sera
désormais chargé de la surveillance de tous
les souterrains dont il fera fréquemment la
visite ; en cas d'alerte ou d'attaque, il y
conduira les troupes qui devront y être pos-
tées.................................   4

Division du commandement.

M. le colonel Bertéche, commandant en second de la place, sera chargé spécialement de défendre la citadelle ; il aura sous ses ordres quatre officiers d'Etat-major et MM. les chefs de bataillons de la Marne et de la Meuse.

Le premier sera chargé avec son bataillon de la défense des bastions 1-2, 3-4, des courtines 2-3, 3-4 et 1-4.

Le second défendra le donjon et bordera la ligne de feu.

M. le Commandant d'armes sera chargé de la défense du Château et du Fer-à-Cheval ; il aura sous ses ordres trois officiers d'Etat-major et les troupes qui y seront réparties.

Distribution des troupes de la garnison.

Quatrième bataillon de la Marne.

M. Charton, chef de bataillon de la Marne, de concert avec M. le capitaine du génie Dujardin, placera à partir du flanc bas de droite du bastion n° 4, jusqu'au saillant du bastion 3, pour défense et réserve...................... 274 hommes.

Depuis le saillant du bastion n° 3, jusqu'au flanc droit du bastion n° 2.   60   —

Dans le bastion n° 2   60   —

Dans le bastion n° 1 de concert avec M. le capitaine du génie Massillon......................   60   —

Dans les approches du pont-levis et du donjon et dans la fausse-braie   40   —

Septième bataillon de la Meuse.

M. Lebelley, chef du bataillon de la Meuse, de concert avec MM. Massillon et Bretagne, placera son bataillon ainsi qu'il suit :

Dans les casemates tirant sur le pont du donjon..................	20 hommes.
Dans celles qui flanquent le pont-levis de l'entrée du Château-bas, côté de la ville..................	12 —
Dans les casemates du flanc gauche du bastion n° 4..................	10 —
Autour du donjon pour border les parapets et en réserve............	175 —

Bâtiment du Gouvernement.

Les gendarmes et douaniers à cheval au nombre de 54, sous les ordres du capitaine Cachera, garniront les croisées hautes du gouvernement pour en défendre l'accès ...	54 —

Bastion du Fer-à-Cheval.

Douzième régiment de soldats isolés.

Le dépôt du 12ᵉ régiment de ligne sera placé au Fer-à-Cheval, sous le commandement de ses officiers, savoir :

Au Fer-à-Cheval, proprement dit.	15 —
Au corps de garde crénelé	10 —
Pour border le parapet, jusqu'au flanc gauche du demi-bastion......	19 —

Le détachement des soldats isolés au nombre de 27 hommes commandés par 3 officiers désignés, sera chargé de la défense du demi-bastion et de la traverse du Fer-à-Cheval ..   27 hommes.

Douaniers à pied.

Pour border les parapets de la cour basse du Château et du pont, et pour défendre la traverse   50   —

En réserve dans la cour du Château-bas et sous les ordres du commandant d'armes   100   —

En réserve dans la cour du donjon, sous les ordres de M. le colonel Bertèche   100   —

Total des combattants   1,173

Etat-major et autres employés   74

Ensemble   1,247

Dans ce dispositif, on remarque qu'il est fait abstraction des gardes, que toute la force de la garnison y est entièrement répartie ; par conséquent, en cas d'alerte ou d'alarme. les troupes disponibles dans les casernes se porteront aux endroits qu'elles sont chargées de défendre ; elles y relèveront les gardes qui ne sont pas de leurs corps, et ceux-ci se rendront aux postes qui leur sont assignés.

Article supplémentaire en cas d'incendie,
hors des cas d'alerte ou d'attaque.

En cas d'incendie, les troupes prendront les armes et resteront en bataille devant leurs casernes ; les chefs de corps enverront sur les demandes qui leur en seront faites, les détachements de gardes et d'ouvriers nécessaires.

Fait et arrêté au Château de Sedan, le 5 juillet 1815.

Le Maréchal de camp, commandant supérieur,
Signé : Baron de CHOISY.

II

MINISTÈRE DE LA GUERRE. — 3e DIRECTION.

BUREAU DU GÉNIE. — PLACE DE SEDAN.

Procès-verbal de remise de la place de Sedan.

Direction des places de l'occupation prussienne.

Cejourd'hui dix-sept août mil huit cent dix-huit, Nous soussignés, baron de Lowenfeld, lieutenant-colonel commandant supérieur de la Place de Sedan, Augustin Frazéo, chevalier commandeur de l'ordre du Bain, lieutenant-colonel commandant l'artillerie légère anglaise, Georges Harding, capitaine du génie au service de Sa Majesté Britannique, tous trois commissaires agissant pour le compte des puissancee alliées d'une part ; et Antoine Laurent baron Capelle, chevalier de l'ordre royal et militaire de St-Louis, officier de la Légion d'honneur, lieutenant-colonel au corps royal d'artillerie de France, et Nicolas-François Maurin, chevalier de l'ordre royal et militaire de St-Louis et de la Légion d'honneur, chef de bataillon au corps royal du génie, d'autre part : commissaires agissant pour le compte du gouvernement français, en vertu des ordres de Son Excellence le Ministre de la guerre, en date du 20 juillet dernier,

Nous sommes transportés dans les différents ouvrages des fortifications de la place de Sedan, à l'effet d'en examiner et connaître l'état front par front, ainsi que celui des approvisionnements de toute espèce appartenant au gouvernement français, bâtiments militaires, plans et archives, et généralement tout ce qui concerne le service du génie, en constatant les changements survenus dans les différentes branches du service, depuis leur occupation par les troupes prussiennes faisant partie de l'armée alliée jusqu'à ce jour et avons procédé à cette opération, en prenant pour base de notre travail le procès-verbal de remise en dépôt sous la date du 4 avril 1816. Conformément au traité principal du 20 novembre 1815, et en avons consigné le résultat dans l'état ci-après, en indiquant les changements survenus,

Savoir :

Première partie. — Fortifications.

(État sous la cote A).

Château.

On a réparé les fermetures des différentes poternes et souterrains des divers fronts (sur les fonds de l'entretien courant).

Bastion 5.

On a reconstrnit partie du mur de rampe du Bastion 5 (1). (Décision du 23 mars 1818).

Ville.

Palissadement.

Le palissadement sur le pont de Meuse coté 67, a été supprimé comme gênant la communication. (Ordre de l'autorité locale).

Porte de la Cassine.

Le pont-levis de cette porte a été refait à neuf en 1817. (Décision ministérielle du 13 octobre 1817).

Guérites.

Toutes les guérites ont été mises en bon état, et celles hors de service remplacées.

Effets et outils.

Il a été tiré des magasins de la fortification les objets suivants, pour le service courant ; savoir :

Quatre volants de barrière neufs et deux assemblages complets formant onze pièces de chassis, huit chasse-roues. (Ces objets ont été employés à la fermeture du pavillon B, cornes 23-24, et bastion 12).

Magasin de la fortification,

Deux grosses pièces de chêne équarries et quatre petites idem. (Employées aux travaux de la place).

1. Cornes de la Rochette.

Six cent vingt-neuf palissades. (Employées au remplacement de celles hors de service aux divers ouvrages).

Cinq pièces de chêne dont quatre petites. (Employées aux travaux).

Cinquante outils de pionniers. (Usés aux travaux de la place).

Six cent quatre-vingt-dix clous de palissades. (Employés au palissadement).

Cinq brouettes. (Usées aux travaux de la place).

Les pompes à incendie ont été réparées et leurs trains faits à neuf.

Travaux de terrassement, placage, gazonnements et autres ouvrages relatifs à la défense de la Place, exécutés par les sapeurs prussiens.

Château.

On a reformé les parapets en terre du Fer-à-Cheval, et les joues des embrasures, les barbettes, plongées de parapets, banquettes et talus de tous les ouvrages du Château.

Ville.

On a fait de semblables travaux aux divers ouvrages de la ville, ainsi qu'ils sont détaillés dans le relevé particulier joint au présent procès-verbal.

On a également réparé le palissadement dans toutes les parties de la place.

(Tous les travaux ci-dessus ont été exécutés d'après les ordres de Son Excellence, M. le général

comte de Ziéten, commandant en chef le corps
d'armée prussien).

Deuxième partie. — Bâtiments militaires.

(Etat coté B).

Ville.

On a entretenu en bon état tous les divers bâtiments militaires ainsi que leur ameublement, et
fait en outre les grosses réparations suivantes :

Caserne du Ménil (cotée A).

On a planchéié toutes les chambres occupées par
les troupes et on les a meublées des ustensiles
nécessaires. (Décisions ministérielles des 13 novembre 1816 et 9 mai 1817).

Pavillon de Torcy (coté B).

Une partie de ce pavillon sert de caserne. (Ordre
de l'autorité locale).

Caserne de Torcy (cotée B).

On s'occupe en ce moment du rempiétement de
cette caserne du côté de la Meuse. (Décision du 13
mai 1818).

Buanderie (cotée R).

On a construit à neuf la cage d'escalier en 1816,
fait un mur de clôture en 1817, et un entre-sol au
hangar en 1818. (Décisions des 4 juin 1816,
4 juillet 1817 et 13 avril 1818).

Manutention (cotée R).

On a reconstruit quatre fours, deux parties de
hangar, un mur de clôture et plusieurs parties de

planchers et plafonds dans ce bâtiment. (Décisions
des 4 juin 1816, 9 mai 1817, 13 mai 1818).

Magasins à poudre.

On a construit dans tous les magasins à poudre
des entre-sols étagères pour recevoir les munitions.
(Décision du 4 juin 1816).

Corps de garde.

On a construit à neuf huit latrines de ces corps
de garde. (Décision du 4 juin 1816).

Château.

Bâtiment C''.

Le petit cabinet n° 4 a été supprimé et réuni au
salon n° 5 et toutes les améliorations nécessaires
ont été faites pour mettre ce bâtiment dans un
très bon état. (Décision ministérielle du 23 septembre 1817).

Caserne L' Y'.

On a planchéié les chambres de cette caserne et
on l'a pourvue de l'ameublement nécessaire. (Décision du 9 mai 1817).

Bâtiment S des fours et moulins à bras.

On a fait à neuf une couverture au-dessus des
fours, pavé et planchéié les fours et magasins du
rez-de-chaussée et du premier étage, ainsi que les
portes, croisées et deux étages d'escalier. On a
aussi réparé les moulins à bras. (Décision du
9 mai 1817).

Puits (coté R).

Ce puits a été couvert à neuf. (Décision du 4 juin 1816).

Hôpital militaire (coté Q).

Cet établissement qui faisait partie des bâtiments de l'artillerie, a été mis en état de remplir sa destination ; on y a ajouté un nouveau bâtiment pour le service. (Décisions ministérielles des 6 septembre et 4 octobre 1816, 9 mai 1817, 13 mai 1818).

Troisième partie. — Plans et archives.

(État coté C).

Il n'y a eu aucun changement dans cette partie.

Quatrième partie. — Approvisionnement des vivres.

Il n'y a eu dans cette partie que les changements ordonnés pour remplacer les objets qui avaient atteint leur terme de conservation.

De tout quoi nous avons dressé le présent procès-verbal en quintuple expédition, qui a été signé par tous les commissaires.

A Sedan, les jour, mois et an que dessus.

(Suivent les signatures).

Les chapitres II et III de la première partie et II et III de la seconde, ont été rédigés d'après les notes du manuscrit Relié, archiviste du Château, pendant le siège, manuscrit déposé actuellement à la bibliothèque municipale de Sedan.

Les documents insérés dans les autres chapitres sortent ou des archives de la ville de Sedan, des archives départementales et de la Collection de M. Brincourt, que nous ne saurions trop remercier des communications qu'il nous a faites.

ERRATA

Page 9, ligne 13, lire « il les battrait » au lieu de « ils les battraient. »

Page 71, ligne 7, lire « aussitôt son expiration » au lieu de « aussitôt l'expiration. »

Page 159, ligne 7, lire « telle est la page » au lieu de « tel est, etc. »

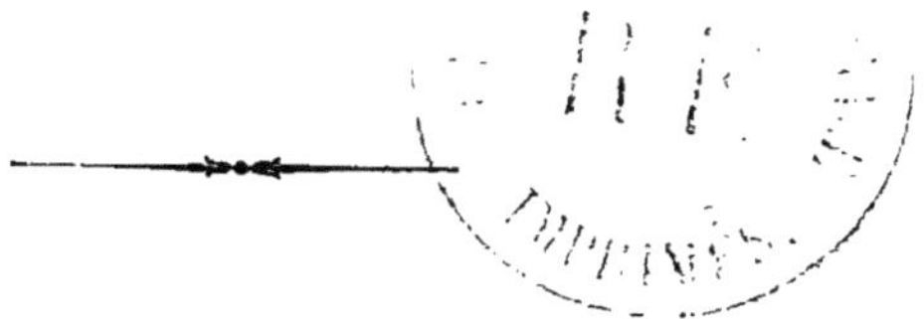

TABLE DES MATIÈRES

TROISIÈME PARTIE.

L'OCCUPATION.

QUATRIÈME PARTIE.

DOCUMENTS COMPLÉMENTAIRES.

Sedan. — Imp. Jules Laroche.

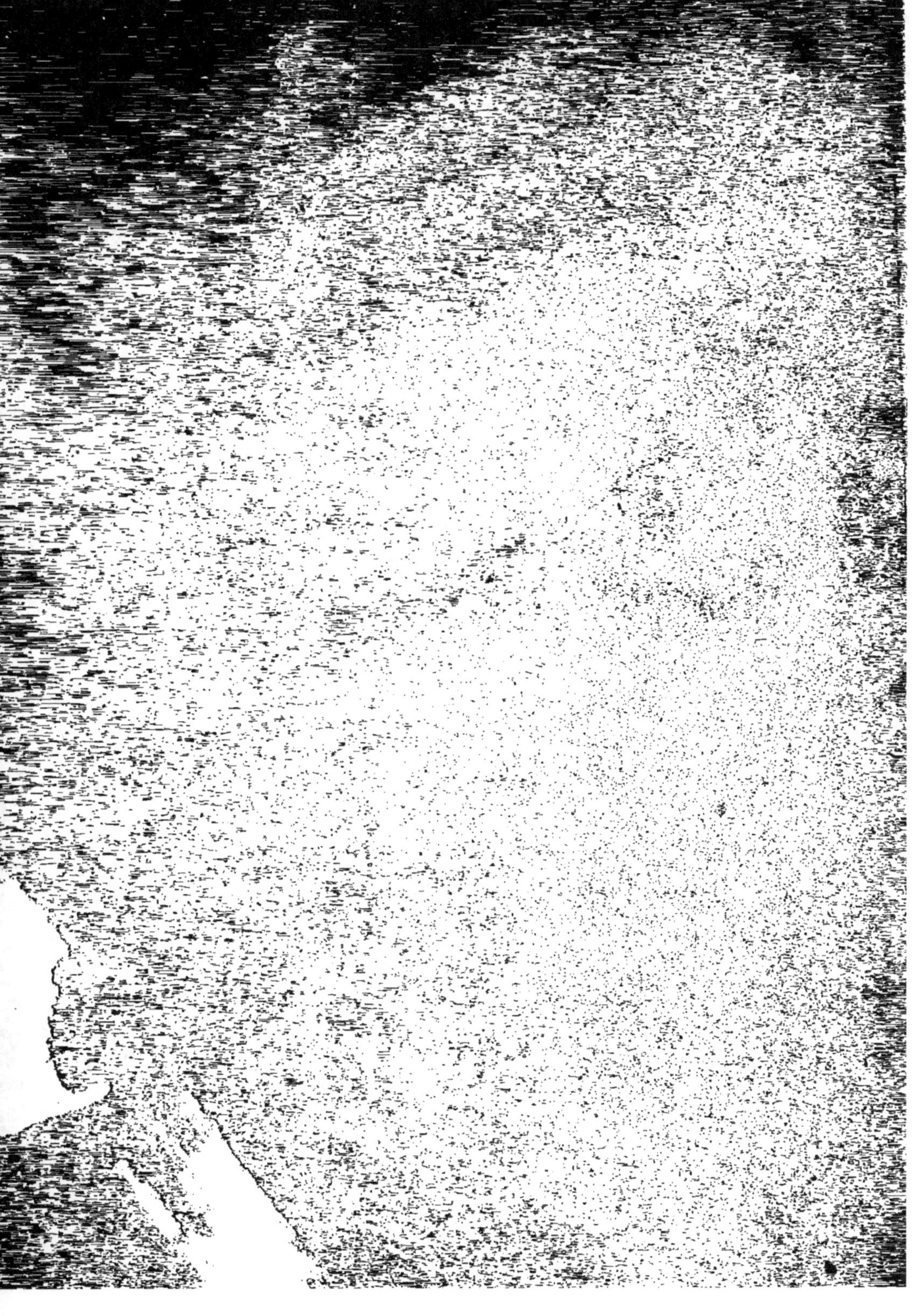

www.ingramcontent.com/pod-product-compliance
Lightning Source LLC
LaVergne TN
LVHW020527060726
842525LV00004B/1107